Claudia Nietsch-Ochs / Aurelia Spendel

Atmen, fließen, leuchten, wachsen

Frauen leben mit den vier Elementen

Schwabenverlag

FÜR

CORNELIA CLARISSA

ALEXA INNANA

JAKOB

LEONIE

NOEMI

SAMUEL

MAGDALENA SOPHIE

DAVID

JAKOB

SAMUEL

JONAS

JAKOB

SARAH

LUKAS

JOHANNES

INHALT

Ein Weg, der hinaus ins Weite führt

Feuer, Wasser, Luft und Erde sind von alters her jene Kräfte der Natur, die das Leben tragen und formen. Im Christentum sind sie in neuem Licht zu sehen und zu neuem Leben erwacht. Sie zeigen Gottes gute Schöpfung als Lebensraum für die Menschen. Als Pfade zur Fülle des Lebens laden sie ein, das Leben zu leben, zu gestalten und zu feiern. Ihre Wirksamkeit entfalten sie zwar aus sich selber heraus – allen menschlichen Widerständen zum Trotz. Fruchtbar werden sie jedoch in besonderer Weise, wenn ihnen Raum gegeben wird und sie als Hilfen verstanden werden, um Mensch in der guten Schöpfung Gottes zu sein.

Atmen, fließen, leuchten, wachsen bietet Frauen Anregungen zu den vier Elementen, um sich mit ihrer Hilfe zu entdecken und mit den Kräften der Natur gut Freundin zu werden. Es formuliert Gottesdienste, um das eigene, unverwechselbare Leben und das Leben als Ganzes zu feiern, stellt Gebete, Texte, Lieder, Bilder und Anleitungen zur Körperarbeit vor Augen, damit Frauen selbst-bewusst mit sich (wieder) in einen guten Kontakt kommen.

Dorothee Sölle schreibt zu den vier Elementen: »In einem der indianischen Texte wird erzählt, dass ein Mensch nur ein Mensch sein kann, wenn er jeden Tag in Berührung mit den vier Elementen ist, also mit Wasser, Feuer, Erde, Luft. Wenn ich mir meine Tage überlege: Da gibt es ja Tage, wo kein Wasser an mich kommt, kein Wind, solche Tage wie in Beton und Glas, wie eben Tausende von Menschen leben. Wo ich das Feuer nicht anfasse; wo ich also nicht richtig lebe nach indianischer Vorstellung, weil ich nicht verbunden bin, sondern mich abgeschnitten habe. Und das passiert ständig. Ich glaube, dass ein Teil der Suche der Menschen nach neuen Lebensformen auf solche elementaren Berührungen zurückgeht. Um eins zu sein mit dem Großen Geist, müssen wir mit den Elementen in Kontakt, in Kommunikation sein, wir müssen ihn mit unserer Haut spüren.«[1]

Die Kontakte in unserer Welt gehen über den Horizont des Naheliegenden hinaus. Der Weg in die Weite mit den vier Elementen führt über die Grenzen unserer kulturellen und religiösen Vorstellungen hinaus. Es gilt, meinen Standpunkt in der Welt bewusst wahrzunehmen und zu sehen, dass andere einen anderen haben. Für Mitteleuropäerinnen sind die Elemente mit anderen Wertschätzungen verbunden als für eine Südamerikanerin, eine Asiatin, eine Afrikanerin, eine Eskimofrau, eine Schamanin, eine Buddhistin. Unsere Bilder und unser Verständnis der Elemente sind ernst zu nehmen wie die der anderen. Neugierig halten wir Ausschau nicht nur nach unserem Umgehen mit Feuer, Wasser, Luft und Erde, sondern können auch danach fragen, wie Frauen aus anderen Klima- und Kulturbereichen damit leben − Frauen, die sich vielleicht ganz in unserer Nähe finden lassen.

Ein Wagnis, das getan werden will

Wenn Frauen wagen, sich den vier Elementen als eine ihrer wesentlichen Lebensgrundlagen anzuvertrauen, darf die oft vergessene Sehnsucht nach Leben, Ganzheit, Verbindung mit dem Heiligen in unverdorbener Fülle zur Sprache kommen. Allerdings: Die Elemente muss frau *tun,* um sich von ihrer Sehnsucht tragen lassen zu können. Deshalb haben wir Tätigkeitswörter gewählt: *atmen, fließen, leuchten, wachsen* − Luft, Wasser, Feuer, Erde. Sie sind schlichtweg nach dem Alphabet geordnet; keine Reihenfolge der Beschäftigung mit ihnen ist vorgegeben. Jeder steht der Einstieg und Zugang nach ihrer Neigung frei.

Leitmotive können sein − die Neugier: »Mit dem *Feuer* habe ich mich noch nie beschäftigt − warum eigentlich nicht? Das möchte ich wissen!« Oder die Angst: »*Wasser* macht mir Angst; ich kann nicht schwimmen. Als Kind wäre ich einmal beinahe ertrunken.« Warum nicht vorsichtige Schritte machen mit einem Buch in der Hand? Oder

1 Dorothee Sölle. Den Rhythmus des Lebens spüren. Inspirierter Alltag, hg. von Bettina Hertel und Birte Petersen, Freiburg-Basel-Wien ³2001, 45. (= Dorothee Sölle im Gespräch, © Dorothee Sölle).

die Vertrautheit: »Mit *Erde* kenne ich mich aus. Meine Wut und Traurigkeit, meine Enttäuschungen und meine überschüssigen Energien
habe ich so oft in meinen Garten eingegraben. Ich weiß, wie gut Mutter Erde mir tut!« Oder die Erfahrungen anderer: »Meine Mutter ist
mit ihren vierundsiebzig Jahren dieses Jahr zum ersten Mal zu meinem Bruder nach Südafrika geflogen. ›Es war ein Traum‹, sagt sie ›frei
wie ein Vogel durch die *Luft*! Kind, das nächste Mal fliegen wir zusammen!‹«

Leitmotiv für eine eigenständige Suche kann auch der Weg von einem Element zum anderen sein, das Erforschen der Verbindungen
zwischen den Elementen, zwischen meinen eigenen elementhaften
Prägungen und den »Jahreszeiten« in meinem Leben. Wie viel Harmonie im Sinn der Balance brauche ich? Welchem Element möchte ich
zwischendurch mehr Raum geben als anderen? Muss bei mir etwas ins
Fließen kommen? Warum wird mir bei bestimmten Themen heiß?
Muss ich mir jetzt mehr Luft verschaffen als zu anderen Zeiten? Sollte
ich versuchen, mich mehr auf den (Erd-)Boden zurückzubringen oder
bringen zu lassen?

Ein Buch, das Sehnsucht weckt

Wir haben dieses Buch für Frauen geschrieben, die in die Tiefe ihres
Lebens steigen möchten, die daran interessiert sind, ihre spirituellen
Dimensionen zu entdecken; für Frauen, die ins Staunen kommen
möchten oder gekommen sind über die vielen sichtbaren Erschei-
nungsformen der Elemente und ihre innerliche und äußere Verarbei-
tung: Wenn wir nach außen schauen, ist Wasser H_2O. Im Schauen nach
innen wird es mehr, so wie »aufatmen« nicht immer nur mit Sauerstoff zu tun hat.

Sehnsucht lehrt, auf Entdeckungsfahrt zu gehen, um im Rendez-
vous mit der Natur, mit Wellen, Wolken, Wanderdünen und Wärme,
mit Gestalten der Bibel, mit Gott, sich selber zu entdecken als Feuer-,
Wasser-, Erden- und Luft-Frau. Ein vielleicht ungewöhnlicher Gedan-
ke – zumindest auf den ersten Blick. Aber dann: Der Leib des Menschen besteht überwiegend aus Wasser. Ohne den Sauerstoff in der Luft
können wir keine fünf Minuten am Leben bleiben. Die biochemischen

Prozesse in unserem Gehirn nehmen es leicht mit der Hitze und der Kraft eines Feuerwerkes auf. Wir sind – so sagt es die Bibel – von der Erde genommen und kehren zu ihr zurück. Was sollte uns hindern, uns auf den Weg zu machen zu uns selber und dabei die vier Elemente als hilfreiche Weggefährtinnen zu sehen?

Oft fehlt Frauen der Mut und deshalb auch die Zeit, um für sich alleine etwas tun, etwas, was nur der einen und Einzelnen gut tut. Oft muss das, was Frauen tun, einen »guten«, nützlichen, einen von anderen anerkennenswerten Zweck haben mit Blick auf ihre Rollen als Mutter, Ehefrau, Hausfrau, Freundin, Ehrenamtliche. Muße ist für Frauen manchmal mühsam und ist doch unverzichtbar. Erst im zweckfreien Raum der Muße, der Konzentration auf sich selber, wird die Mitte des Lebens und der Persönlichkeit freigelegt. Hier gelingt es, frei zu atmen, (wieder) aufzuatmen, Lebensenergien zum Fließen zu bringen, Blockaden zu lösen, das Eigene und mir Wichtige leuchten zu lassen, zu wachsen, heil und stark zu werden.

Dazu gehören die Sinne mit ihrer Wächterinnenfunktion: genauer schauen, die leisen Geräusche hören, bewusst riechen und sich dabei erinnern, auch das Unsichtbare ertasten und die feinen Nuancen herausschmecken, die die Gratwanderung zwischen Gift und Gabe anzeigen.

Wegbegleitung, die ein Anfang ist

Unser Buch ist Weg-*Anfangs*-Begleiterin, die Sie dabei unterstützen möchte, Ihrer eigenen Lust nach elementaren Entdeckungen nachzugehen:

◆ Texte und Lieder sind Anregungen. Was ist *Ihr* Lieblingsgebet, *Ihr* Lieblingstext, *Ihr* Lieblingslied beim Wasser, beim Feuer, bei der Luft, bei der Erde?

◆ Die von uns gewählten Gestalten sind Anregungen, damit *Sie* Ihre Vorbildgestalten näher ins Auge fassen, die Wasser und Feuer, Luft und Erde nach *Ihrem* Geschmack Gestalt geben.

◆ Unsere Ideen, Wasser und Feuer, Luft und Erde zu erfahren, sind Anregungen, damit *Sie* nach Umsetzungen der Elemente fahnden, die zu Ihnen persönlich passen.

◆ Unsere Gespräche als Autorinnen sind Anregungen für Sie, sich Freundinnen zum Gespräch einzuladen, um mit ihnen zu reden über dies oder das aus dem Horizont von Feuer und Wasser, Erde und Luft.

◆ Die vierfarbigen Bilder sind Anregungen für *Sie*, sich zum Beispiel eine Farbliste in die Küche zu hängen, auf der Sie im Laufe der Zeit *Ihre* Farbentdeckungen notieren: Was ist grün? Blau? Rot? Braun? Was lässt sich wie mischen? Holen Sie Ihren alten Malkasten mit den Wasserfarben wieder einmal vom Speicher. Oder bitten Sie Ihre Enkelin, Ihre Tochter um Malstifte als Leihgabe, wenn es in Ihrem Haus keine mehr gibt. Malen Sie nach Herzens- und Seelenlust – Bilder für sich, Bilder für andere, Bilder nur so!

◆ Unsere Überlegungen zum Leben mit allen Sinnen sind Anregungen: Richten *Sie* sich eine Feuer-, Wasser-, Luft- oder Erdecke ein, die *Sie* durch eine Woche/einen Monat/ein Jahr/eine wichtige Zeit (Schwangerschaft, Prüfungszeit, Vorbereitung auf den Berufsein- oder -ausstieg) begleitet. Wählen Sie eines oder mehrere Elemente – so wie es Ihrer Stimmung und Ihren Bedürfnissen entspricht, gleichzeitig, nacheinander, im Wechsel.

◆ Unsere Gottesdienste sind Anregungen zum Feiern des Heiligen, des Schöpfers und seiner Gaben, seiner Weisheit und Kraft. Die Gottesdienste können allein, mit Freundinnen, in einer Frauen-(bunds)gruppe gefeiert werden. Wählen Sie dabei nicht nur einzelne Teile aus, die Ihnen zusagen, wählen Sie auch den Feierort, die Feierzeit, die feiernde Gruppe. Es muss nicht immer Ihre Gemeinde sein, es muss nicht immer ein Priester sein, der dem Gottesdienst vorsteht. Es muss nicht in der Kirche sein – entdecken Sie die Wallfahrtsorte in Ihrer Umgebung. Es muss nicht immer ein Gottesdienst am Tag sein. Warum nicht einmal Gottesdienst feiern in den stillen Stunden der Nacht oder in der verheißungsvollen vor Sonnenaufgang? Trauen Sie sich liturgische Feierkompetenz zu! Die Linolschnitte mit den Elementefrauen sind auch für das Deckblatt einer Einladung zum Gottesdienst zu gebrauchen. Sie selber kennen Lieder, Texte, haben Bilder oder können sie malen. Laden Sie Feuer, Luft, Erde, Wasser ein und holen Sie sie in ihre Mitte – ein Luftballon, ein Schale mit Erde, der Taufstein in der Kapelle, ein brennendes Scheit.

◆ Daneben gibt es Leerstellen, die offen sind und sich erst dann füllen – erfüllen –, wenn Sie sie in Besitz nehmen. Dazu braucht frau Zeit und Raum, die reserviert sein wollen als »Zeit und Ort für mich allein«, Zeiten und Orte, in denen *Sie* sich etwas erfüllen und in denen sich etwas für Sie erfüllt. Da sind die Wunschlisten »für mich, für dich, für die Welt«, die die kleinen Schritte und die großen Träume nennen. Da sind die Tagebücher zu Luft und Feuer, Erde und Wasser. Randerscheinungen und überraschende Entdeckungen, Überwältigendes und Alltägliches hat hier seinen Platz. Entdecken Sie das Wetter, Ihre Umwelt, Ihre Erfahrungen damit in eigenen oder fremden Texten, Bildern, Fotos. Kleben Sie ein Herbstblatt ein.

◆ Unser Buch ist ein *Bleistift*-Buch. Schreiben Sie Ihre Gedanken, Wort-Fundstücke, ein Gedicht, eine Liedstrophe, eine Erinnerungsnotiz, ein Datum hinein, alles das, was Ihnen im Zusammenhang mit der Lektüre und dem Arbeiten mit diesem Buch notwendig, wichtig, hilfreich oder bemerkenswert scheint. Es ist *Ihr* Buch!

Da berühren sich Himmel und Erde

Es »sind die Elemente, aus denen die Welt besteht, derartig untereinander verbunden und zusammengekettet, dass sie niemals voneinander getrennt werden können: Feuer ist nicht ohne Luft und Luft nicht ohne Wasser und kein Wasser ohne Erde. Immerhin hat das Feuer stärkere Kraft als die Luft, und das Wasser ist mächtiger als das Feuer, und die Erde ist fruchtbarer und ergiebiger als die übrigen drei. Die Härte des einen Elementes unterstützt die Weichheit eines anderen, und die Weichheit des einen mildert des anderen Härte; in solcher Eintracht und Ausgemessenheit können sie in natürlicher Weise harmonieren und brauchen unter sich keine Verwirrung zu stiften, es sei denn, dass die Elemente, nach Gottes Richterspruch zum Strafen gerufen, zur Ursache für Feuersbrünste und Ungewitter, Überschwemmungen oder Unfruchtbarkeit werden.«[2]

2 Hildegard von Bingen, *Das Buch von dem Grund und Wesen und der Heilung von Krankheiten*, Salzburg 6. Auflage 1992, S. 98.

So schreibt es Hildegard von Bingen in ihrem Buch vom Grund und Wesen und der Heilung der Krankheiten.

Wir haben unsere Neigungen, wir leben mit unserem Temperament, es gibt eine Lieblingsjahreszeit, in der wir in unserem Element sind. Hildegard von Bingen ermutigt uns mit ihren Worten aus ihrer Heilkunde, das Eigene zu erkennen in der unauflöslichen Verbundenheit und Bedingtheit mit dem Anderen. Denn die kosmische Balance der Elemente ist auch im Mikrokosmos Mensch vorhanden. Eine zu starke Ausprägung nur einer Grundkraft führt nicht zur Stärke, sondern zum Mangel. Das erleben wir in uns, in der Begegnung mit anderen und in der Welt. Was für Hildegard von Bingen Gottes Richterspruch ist, erleben wir heute als mitverschuldetes Ungleichgewicht, das sich in Naturkatastrophen auswirkt.

Wir möchten Sie deshalb auch dazu einladen, sich neben den einzelnen Elementen ihrem Zusammenspiel zu widmen, damit Himmel und Erde zusammenkommen und Sie in Ihrem je eigenen Element und in der mildernden und unterstützenden Wirkung der je anderen Elemente zu Hause sind.

Dabei geht es gleichermaßen um die Sichtbarkeit und Anschaulichkeit der einzelnen Elemente wie um ihren gemeinsamen Symbolgehalt, der uns zu ihnen als Grundkräfte führt. Die Zahl Vier gilt in unserer christlichen und westlichen Kultur als die Zahl des Materiellen und des Irdischen: vier Himmelsrichtungen, vier Temperamente, vier Lebensalter, vier Arme des Urflusses im Garten Eden, vier Evangelisten. In der jüdischen Tradition des Chassidismus und der Kabbala kommt jedem hebräischen Buchstaben ein Zahlenwert und ein Symbol zu. Die Vier gehört zum Buchstaben Daleth und Daleth bedeutet *Tür*. Die Tür ist wie die Erkenntnis, dass es mehr als diese sichtbare Welt gibt. Die Tür ist Öffnung zum Anderen, Offenheit für das Überraschen und Überrascht-Werden: Wir schauen in die Welt hinaus und können sie einlassen in unser Lebenshaus.

Die Zusammenschau der Elemente ist eine Tür zu mir, zur Welt und zu Gott. »Türöffner« ist das folgende Elementekreuz, in dem Luft, Wasser, Feuer und Erde miteinander in Berührung kommen und Sie die Fülle der Wirkungen und Wandlungen sammeln, bestaunen und nachdenken können.

Sie finden auf der Materieebene in der unteren Hälfte einige Wirkungen, in die obere Hälfte können Sie menschliche Erfahrungen mit den Begegnungen der Elemente sammeln: Feuerfrau entdeckt Wasserfrau, Windfrau arbeitet mit Erdfrau. Die Diagonale macht das gefährliche Übermaß sichtbar.

	Luft	Wasser	Feuer	Erde
Luft	Sturm			
Wasser	Dampf Nebel Tau Raureif Wind treibt Regenwolken	Flut		
Feuer	Luft schürt das Feuer, verbreitet, nährt es, Feuer erwärmt die Luft, warme Luft steigt Fesselballon	Dampf Destillation Wasser löscht Feuer	Brand	
Erde	Sandsturm, Samen werden verbreitet	Schlamm Fruchtbarkeit Dämme Flussbett Töpfereien Wandlung von Eigenschaften	Schmelzen von Metall, Härten von Glas,	Erdbeben

Daneben gibt es sicher noch viele andere Elemente-Spuren: Welche Elemente gehören für Sie zu bestimmten Lebenssituationen oder -phasen? Wie erleben Sie bei sich Luftig-Fliegendes, Wässrig-Fließendes, Feurig-Hitziges oder Erdig-Fruchtbares? Wie wirkt sich das bei Ihnen, in Ihrer Erfahrung mit Dingen und Farben aus: Was sehen Sie gerne, welche Farben lieben Sie bei Ihrer Kleidung? Setzen Tages- und Jahreszeiten bei Ihnen elementhaft Schwerpunkte? Vielleicht haben Sie Lust, in Gedichten und Liedern solche Verknüpfungen zu entdecken, die bis in Worte hineinreichen wie *Lichtermeer* und *Feuersturm*.

Vielleicht sind Sie schon unterwegs auf dieser Entdeckungsreise, ohne es bislang bewusst wahrgenommen zu haben!

Des Lebens Lied

Die Suche nach den vier Elementen ist Hinwendung zu dem und Hingabe an das Leben, das sich zum Lob Gottes und zum Heil der Menschen entfalten will und darf. Der Sonnengesang des Franz von Assisi, dieses ganz von Gott und seinen Wundern erfüllten Menschen, besingt das Leben mit seinen Licht- und Schattenseiten, mit seinen Quellen und Orkanen, seinem Fundament und seinen lauen Lüftchen. Franziskus´ Lied ist sinnenfälliger Ausdruck auch unseres Versuches, zu atmen, zu fließen, zu leuchten und zu wachsen.

Wir ermutigen Sie: Atmen Sie! Fließen Sie! Leuchten Sie! Wachsen Sie! Das ist kein esoterischer Aufruf. Wir verstehen ihn als zutiefst christlich. Gottes Anrede an den Menschen lautet: Wandle vor mir und sei ganz. Das gilt für jede Frau, für jeden Mann, für jedes Kind, so wie es vor Tausenden von Jahren für Abraham und Sara galt, den Mann, der zusammen mit seiner Frau auszog, um zu leben, wie vor ihm und ihr noch keiner und keine gelebt hatten. Dabei werden Sie Altes und Neues entdecken – Gedanken und Erfahrungen, die sich seit Generationen von Menschen angesammelt und in ihrer kollektiven Erinnerung verdichtet haben genauso wie überraschend Neues, das Ihnen gerade jetzt in diesem Augenblick, nie vorher und nie nachher, begegnet, aufgeht, vor die Sinne tritt oder in den Sinn kommt.

Im nächsten Jahr gibt es, so sich die vier Elemente in unserer Arbeit als »wetterfest« erweisen, das heißt den Stürmen von Familie, Kloster,

Beruf, innerem Wachstum und äußeren Aufgaben standhalten, einen Adventskalender mit den vier Elementen zur Begleitung durch eine ganz besondere Zeit im Jahr!

Freuen Sie sich darauf!

Augsburg/Merching, 22. Juli 2002
Am Fest der Maria von Magdala

Feuer der Liebe
Tränen der Trauer
Felsenhöhle im Schoß der Erde
der Gärtner umhüllt von Blumenduft

CLAUDIA NIETSCH-OCHS
AURELIA SPENDEL OP

GEBETE TEXTE LIEDER

Der Sonnengesang des heiligen Franziskus

V/A Höchs - ter, all - mäch - ti - ger, gu - ter Herr,

dein sind Eh - re, Lob und Ruhm und al - ler Se - gen.

Du allein bist würdig, sie zu empfangen,
und kein Mensch ist würdig, dich zu nennen, o Höchster.

V/A Ge - lobt seist du, mein Herr!

Mit all deinen Geschöpfen,
vor allem mit der edlen Schwester Sonne.
Sie bringt uns den Tag und das Licht,
sie ist schön und strahlt in mächtigem Glanz,
von dir, o Höchster, ein Gleichnis.

V/A Gelobt seist du, mein Herr!
Durch Bruder Mond und die Sterne.
Du hast sie am Himmel gebildet,
klar und kostbar und schön.

V/A Gelobt seist du, mein Herr!
Durch Bruder Wind und die Luft,

durch bewölkten und heiteren Himmel und jegliches Wetter,
so erhältst du deine Geschöpfe am Leben.

V/A Gelobt seist du, mein Herr!
Durch Schwester Wasser,
so nützlich und demütig,
so köstlich und keusch.

V/A Gelobt seist du, mein Herr!
Durch Bruder Feuer;
mit ihm erleuchtest du uns die Nacht.
Er ist schön und freundlich, gewaltig und stark.

V/A Gelobt seist du, mein Herr!
Durch unsre Schwester, die Mutter Erde;
Sie trägt und erhält uns,
bringt vielerlei Früchte hervor
und Kräuter und bunte Blumen.

V/A Gelobt seist du, mein Herr!
Durch alle, die vergeben in deiner Liebe,
die Krankheit und Trübsal ertragen.
Selig, die dulden in Frieden;
Sie werden von dir, o Höchster, gekrönt.

V/A Gelobt seist du, mein Herr!
Durch unseren Bruder, den leiblichen Tod;
kein lebender Mensch kann ihm entrinnen.
Weh denen, die sterben in tödlichen Sünden.
Selig, die der Tod trifft in deinem heiligen Willen,
denn der zweite Tod kann ihnen nichts antun.

V/A Lobt und preist mei - nen Herrn und dankt

und dient ihm in gro - ßer De - mut.

Text: Franz von Assisi, Übertragung EGB 1973; Melodie: Kurt Knorzinger 1973
Eine gesungene Version bietet die CD: Sr. M. Helmtrudis Menzenbach
»Franziskus Abendlob« der Waldbreitbacher Franziskanerinnen,
http://www.waldbreitbach.orden.de

Schöpfungspsalm

Gott,
du rufst Sonnen
aus Himmelstiefen
und machst uns sehend
in deinem Licht.

Du bildest Boden
aus Stein und Feuer,
gibst Wind und Wasser
ihr Gesicht.

Wir sehen nach außen,
wir schauen nach innen.

So
lernen wir
leben.

So
preisen wir Dich.

ERHARD DOMAY

Ohne Gott bin ich ein Fisch am Strand

ohne Gott ein Tropfen in der Glut.
Ohne Gott bin ich ein Gras im Sand
und ein Vogel, dessen Schwinge ruht.

Wenn mich Gott bei meinem Namen ruft,
bin ich Wasser, Feuer, Erde, Luft.

JOCHEN KLEPPER

Wir danken Dir, göttliche Liebe
(nach dem Sonnengesang des heiligen Franz)

Wir danken Dir, göttliche Liebe
für die Sonne, die allem Leben gibt
für den Mond, der die Zeit bestimmt
für die Sterne, die die Nacht erhellen

Wir danken Dir, göttliche Liebe
für den Wind, der alles bewegt
für das Wasser, das keimen und wachsen lässt

Wir danken Dir, göttliche Liebe
für das Feuer, das die Speisen genießbar macht
für die Erde, die alles hervorbringt
was wir zum Leben brauchen

Wir danken Dir, göttliche Liebe
für die Menschen, die mit uns zu Tisch sitzen
für das Leben, das wir einander schenken

Wir danken Dir, göttliche Liebe

ANTON ROTZETTER

Gebunden und frei

Gebunden an Brot und Wein
und frei für Dich und die Menschen
loben wir Dich, Du unser Leben

Gebunden an Luft und Wasser
und frei für das Leben
loben wir Dich, Du unser Leben

Gebunden an Feuer und Erde
und frei für die Liebe
loben wir Dich, Du unser Leben

Gebunden an Leib und Materie
und frei für eine neue Welt
loben wir Dich, Du unser Leben

Gebunden an Sonne und Mond
und frei für Deine Verheißungen
loben wir Dich, Du unser Leben

Anton Rotzetter

O Kraft der Weisheit

du umkreist allen Kreislauf
umfassend das All,
auf einer Bahn, die das Leben hat.

Drei Flügel hast du:
Der eine schwingt hoch in die Höhe,
der andre keimt aus der Erde.
Der dritte schwingt sich überall.

Lob dir, alle Würde des Lobpreises,
o Weisheit.

HILDEGARD VON BINGEN

An den Heiligen Geist

Alles durchdringst Du
die Höhen,
die Tiefen
und jeglichen Abgrund.
Du bauest und bindest alles.
Durch Dich träufeln die Wolken,
regt ihre Schwingen die Luft.
Durch Dich birgt Wasser das harte Gestein,
rinnen die Bächlein
und quillt aus der Erde das frische Grün.
Du auch führest den Geist,
der deine Lehre trinkt,
ins Weite.
Wehest Weisheit in ihn
und mit der Weisheit die Freude.

Text: Friedrich Karl Barth
Musik: Peter Janssens
Aus: Und der Brunnen ist tief, 1987
Alle Rechte im Peter Janssens
Musik Verlag, Telgte – Westfalen

Gott umhülle uns

Gott um-hül-le uns, dass uns Luft zum At-men bleibt, dass uns Feu-er zum Wär-men bleibt, dass uns Was-ser zum Trän-ken bleibt, dass uns Er - de zum Le - ben bleibt, Gott um-hül - le uns.

25

müde Herzen

verkümmerte Sinne
schleppende Schritte
gebrochener Wille –

und ein Ruf dazwischen
Veni Sancte Spiritus

Ungrund Liebe
Du
tritt für uns ein
seufze für uns
rufe für uns
Veni Sancte Spiritus

Komm, Heiliger Geist
Ewige Göttliche Weisheit
Hagia Sophia!
Veni Sancte Spiritus

Komm, Mutter der Armen
Komm, Freude der Traurigen
Komm, Licht der Herzen!
Veni Sancte Spiritus

Leise Stimme der Wahrheit
Unermessliches Schweigen
Sprudelnde Quelle des Lebens
Veni Sancte Spiritus

CHRISTIANE HOFFMANN

unter Verwendung des »Veni Sancte Spiritus« aus Taizé

LUFT ENTDECKEN

Wenn man mit Flügeln geboren ist,
sollte man alles dazu tun, sie zu benutzen.

FLORENCE NIGHTINGALE

Das Luftrad am Wagen des Lebens

Im frühbarocken Festsaal des ehemaligen Benediktinerklosters Bene-
diktbeuern findet sich als die Mitte des Deckengemäldes der allegori-
sche Triumphzug des Menschen. Auf dieses Motiv läuft alles zu: die
beiden Nebenzyklen – Tugenden und Laster und die zwölf Monate –
genauso wie der Hauptzyklus der Bilder: die verschiedenen Stufen der
Schöpfung, so wie sie erzählt werden im biblischen Gesang der Jüng-
linge im Feuerofen.

Der Hauptzyklus wird eröffnet und begleitet von der Darstellung
der vier Elemente Feuer, Wasser, Luft und Erde. Diese vier sind jedoch
nicht nur als Einzelbilder zu sehen. Sie finden sich zugleich gemeinsam im Mittelpunkt des Zentralgemäldes wieder als die vier Räder des
Triumphwagens des Menschen, der ihn in den himmlischen Hoch-
zeitssaal transportiert.

Der Mensch, genauer seine Seele, die auf diesem Wagen zu sehen ist,
ist der Höhepunkt der Schöpfung. Gestaltet aus Leib und Seele, aus
Geist und Körper fügen sich in ihm die einzelnen Teile der Schöpfung
sinnvoll und gut zur letzten, endgültigen Einheit zusammen, zu dem
Wesen, das Abbild des Schöpfers ist. Um dieses Wesen an sein Ziel zu
bringen, wurde alles geschaffen – auch Feuer, Wasser, Luft und Erde.
So sah es das Barock, so verstanden Menschen es als gottgegeben durch
die Jahrhunderte.

Die Räder des Lebenswagens stehen für die Materie, aus der der
Mensch geschaffen und der er in seiner Vergänglichkeit unterworfen
ist. Sie formt sich nach den Vorstellungen dieser Zeit aus den vier Elementen Feuer, Wasser, Luft und Erde. Ohne sie geht nichts, kommt

nichts ins Rollen, bleibt nichts in Bewegung. Das »Luftpolster« der vier Winde ist wie das Flammenrad des Feuers an der Fortbewegung des Wagens auf seine unverwechselbare Weise beteiligt wie Wasser und Erde auch. Fällt eines der Räder aus, können die anderen ihrer Funktion nicht mehr nachkommen; die Sache hängt fest, der Wagen steht wie festgenagelt da, ist bewegungsunfähig oder gerät in eine gefährliche Schieflage. Es wird deutlich, dass keines der Elemente allein – und damit keine der Kräfte, die den Menschen bestimmen – das Leben voran-, geschweige denn an sein Ziel bringen kann. An diesem Spiel hat auch das unsichtbare der Elemente, die Luft, seinen Anteil wie die anderen drei, die handgreiflich zu fassen und zu erfahren sind.

Luftige Orientierung

Dem Betrachter, der Betrachterin des Gemäldes fällt – mit weit in den Nacken gelegtem Kopf – als erstes das Wagenrad des Feuers auf. Mächtig lodert sein Flammenkranz. Das Luftrad nimmt sich dagegen bescheiden aus. Dem Feuer als linkes Vorderrad zugesellt, blasen vier angestrengt schauende Menschenkopfprofile in die vier Himmelsrichtungen. Während das Feuer überall zu sein scheint, ohne Anfang und ohne Ende, teilen die vier Luft- köpfe die Welt in rechts und links, in oben und unten. Sie zeigen, weil auf die Himmelsrichtungen ausgerichtet, die Grundorientierung menschlicher Existenz. Der junge Mensch, das Kind, lernt, wenn er sich aufrichtet, dass es einen Unterschied gibt zwischen oben und unten, spätestens dann, wenn er bei seinen ersten Gehversuchen auf den Po zurückfällt. Er lernt, dass es rechts und links gibt im unmittelbaren und im übertragenen Sinn. Es ist eben nicht alles gleich, nicht alles gleich-gültig. Es ist nicht egal, ob etwas oben oder unten ist, ob es drunter oder drüber geht, ob jemand rechts oder links steht in seiner, ihrer politischen Ausrichtung und dass es nicht egal ist oder besser war, ob jemand als Rechts- oder Linkshänder/in das Schreiben lernt.

Die Luft ist in mehr als einer Weise Lebenselixier des Menschen. Für manche ein simples Gasgemisch überwiegend aus Stickstoff mit 21 Prozent Sauerstoff gebildet, erhält sie uns am Leben, ermöglicht unserem Stoffwechsel seine lebenserhaltende und lebenserneuernde

Funktion. Empfindlich reagiert die Erdhülle auf Schadstoffe, obwohl sie sich durch Stürme und die grünen Lungen der Erdurwälder immer wieder reinigen kann. Luft ist uns anvertraut als Geschöpf, als Gabe, die uns den Raum des Lebens mit jedem Atemzug eröffnet – oder verschließt.

Luft mit allen Sinnen

Lieben Sie Bergtouren oder klettern gerne mit nichts anderem als dem blauen Himmel über sich durch die Felswand? Träumen Sie vom Fliegen – frei wie ein Vogel? Schauen Sie mit Lust den Wolken nach, die am Sommerhimmel dahinziehen oder von wilden Herbststürmen gejagt werden? Werden Sie magisch angezogen vom schwerelosen Flug der Vögel, dem geräuschlosen Gleiten eines Fallschirms, dem Dahinschweben eines bunten Fesselballons, dem taumeligen Flug eines Schmetterlings? Träumen Sie den Traum vom Fliegen - hoch über den Wolken, wo die Freiheit grenzenlos sein soll?

Lieben Sie frische Luft, eine kräftige Böe, die den Kopf freimacht, einen Spaziergang am Meer mit einer steifen Brise in staubfreier, jodhaltiger, salziger Luft? Reizt Sie die Gischt, dieses Gebilde aus Wasser und Luft dazu, hineinzuspringen oder laufen Sie lieber Wind und Wellen davon, um nicht von ihnen gepackt zu werden? Ist Ihnen ein laues Lüftchen auf der nackten Haut lieb, ein sanfter Frühlingshauch, der in den Haaren spielt, das Ihrige? Reizt Sie der Sommerwind mitzulaufen, sich von ihm forttragen zu lassen in die fernen Länder, aus denen er kommt? Lauschen Sie gerne dem Rascheln der Blätter, wenn sie der Herbststurm in wildem Spiel über den Asphalt treibt? Fühlen Sie sich geborgen hinter der schützenden Fensterscheibe, wenn Sie ahnen, mit welcher Kraft der Schnee durch die Winterluft gewirbelt wird?

Waren Sie als Kind atemlos gefesselt von den schillernden Blasen aus Seifenlauge, die die Großmutter wie mit Zauberhand aus dem runden Drahtgeflecht blies? Folgten Sie gebannt und angespannt dem Aufsteigen eines Papierdrachen, der sich höher und höher schraubte, bis die Schnur, die ihn hielt, zu reißen drohte? Verlockte Sie das bunte Windrädchen dazu, mit aller Kraft gegen seine Flügel zu blasen, bis es sich rasend schnell drehte? Entzückt es Sie, wenn Ihre Kinder oder Enkelinnen heute das Gleiche tun mit der gleichen Begeisterung? Oder ganz schlicht und sehr praktisch: Lässt das Flattern und Knattern der schneeweißen Wäsche im Wind draußen auf der Leine im Obstgarten auch Ihr Herz höher schlagen und sehnsüchtig den Duft der frischen Betttücher erwarten?

Erinnern Sie sich an den ersten tiefen Atemzug, als die Tränen versiegten und der schlimmste Schreck überstanden war? An das Durchatmen nach einer Anstrengung des Leibes oder der Seele, nach dem Spüren der Weite des Lebens in einem tiefen Atemzug wie neugeboren? Gönnen Sie sich Zeit zum Luftholen, zum Durchatmen, besonders dann, wenn es hektisch zugeht? Was nimmt Ihnen den Atem, lässt ihn stocken; was verschlägt Ihnen den Atem? Wann waren Sie das letzte Mal atemlos und warum?

Luft über uns – Luft in uns – Luft um uns herum

Luft ist ein sinnliches Element, das unsere Haut berührt, in unsere innersten Räume eindringt, uns buchstäblich in Fleisch und Blut übergeht. Luft transportiert Duft und Gestank, weht Belebendes und Todbringendes gleichermaßen aus den fernsten Winkeln der Erde zu uns her.

Luft erfrischt, kühlt und trocknet aus. Sie fächelt sanft und reißt ganze Wälder kahl, säuselt und dröhnt. Das Element Luft zeigt Grenzen auf und überwindet sie. Es lässt sich nicht einsperren, ist ohne Ansehen der Person für alle da und hält sich in der Regel im Hintergrund.

Was liegt für Sie heute in der Luft? Für jede und jeden hält die Luft etwas sehr Persönliches bereit – den eigenen Lebensatem, der so intensiv das Eigene ist wie kaum anderes sonst. Entdecken Sie die Luft - Ihre Luft -, das Element, das dem Neugeborenen als erstes der Elemente Widerstand entgegensetzt, das es herausfordert, das eigene Leben zu leben, sich die Erde als Lebensraum zu erobern. Luft ruft den Menschen vom ersten Atemzug dazu auf, Flügel und Wurzeln auszubilden, um Standfestigkeit und Beweglichkeit zu gewinnen für ein gutes, gelingendes Dasein.

LUFT IST LEBEN

atemlos	Luftblase	Luftsprung
Atemzug	Luftbrücke	Lufttemperatur
aufatmen	Lüftchen	Luftveränderung
blasen	luftdicht	Luftverschmutzung
Böe	Luftdruck	Luftweg
dahinschweben	Luftfeuchtigkeit	Luftwiderstand
den Atem verschlagen	Luftfilter	Luftwirbel
der erste Atemzug	Luftfracht	Luftwurzel
Duft	luftgetrocknet	Luftzufuhr
Dunst	Lufthülle	Luftzug
durchatmen	luftig	Lunge
etwas liegt in der Luft	Luftikus	Papierdrache
einatmen	Luftkissen	Sauerstoff
Fesselballon	Luftkurort	säuseln
fliegen	luftleer	Schmetterling
Flug	Luftlinie	schwerelos
Flügel	Luftloch	Segelflug
Flugzeug	Luftmatratze	Seifenblase
Frühlingshauch	Luftnummer	Singstimme
Gasgemisch	Luftpolster	Sommerwind
geschwängerte Luft	Luftpost	steife Brise
Gischt	Luftpumpe	Stimmbänder
Herbststurm	Luftraum	Stimmerziehung
Lebensatem	Luftröhre	Sturm
Lebenselixier	Luftschaukel	Verschnaufpause
Luft holen	Luftschicht	Vogel
lüften	Luftschiff	Wind
Lüftlmalerei	Luftschifffahrt	Windrädchen
Luftaufnahme	Luftschlange	Windspiel
Luftballon	Luftschloss	Winterluft
Luftbewegung	Luftschraube	Wolke

Meine Luft-Wörter

_____

_____

_____

_____

_____

_____

_____

_____

_____

_____

_____

_____

_____

_____

Alles, was atmet, lobe den Herrn.
Psalm 150

LUFT-FARBE GRÜN

Grün ist die Hoffnung. Das aufbrechende Grün in der Natur zeigt in jedem Jahr mit Macht, wie sehr das stimmt: *Grün ist die Hoffnung.* Dabei erwächst das Grün des neuen Lebens aus dem Blau der Treue, der dauerhaften und verlässlichen Zusage, und aus dem Gelb der Sonnenkraft, der sich bedingungslos (ver)gebenden Urkraft des Lebens. Saftig und frisch ruft das junge Grün dazu auf, uns zu erneuern – oder besser: uns erneuern zu lassen aus Gottes Treue und aus seiner Lebenskraft, damit wir blühen und voller Hoffnung zu unserer eigenen Gestalt heranwachsen.

Grün, ausgerechnet Grün als Farbe für die Luft? Warum nicht Blau? Der Himmel ist blau, die Luft, die Atmosphäre.

Ja, schon, aber der Himmel kann genauso gut grau sein oder zartrosa, flammend orange oder tintenschwarz. Blau ist nur eine seiner bunten Möglichkeiten.

Dann also das Grün! Und warum das Grün?

Grün kann so luftig sein, durchscheinend und zart wie eine Feder im Wind.

Denkst du an grüne Blätter im Frühlingswind, an den zarten Duft, der im Sommer von Minze und Melisse aufsteigt, wenn sie, bevor es dunkel und still wird am Abend, die Sonnenkraft des Tages betörend verwandeln?

An solches Grün und das Grün des Wassers, das aus Sonnenwärme und Sauerstoff grüne Algen gewinnt!

Grün beruhigt, fließt sanft in das Schauen ein, ist nur als Neongrün oder Giftgrün unangenehm aufdringlich. Grün weckt die Sehnsucht nach dem Leben: »Nach grüner Farb mein Herz verlangt nach dieser schweren Zeit, der arge Winter währt so lang.« Der harte Winter kann sowohl der Winter in der Natur sein wie der Winter in einer Beziehung, der Winter in der Lebensfreude, der Winter in der Gottesbeziehung und der Winter in der Beziehung von Völkern und Rassen, Religionen und Kulturen.

Grün kann überwältigend sein, wenn die Steppe nach der Dürre in das Leben hinein explodiert, wenn die Wüste aufblüht nach dem Regen. Grün zeigt an, dass das Leben gerettet und in seiner ganzen Fülle auferstanden ist. Die »Grünkraft« – viriditas – ist bei Hildegard von Bingen Lebenskraft pur, die, aus Gott kommend, zu Heilung und Heil verhilft. Hildegard spricht vom »Grün des Fingers Gottes«. Deshalb denkt sie die Seele als grün.

Als grün wird auch die Barmherzigkeit Gottes bezeichnet, die mütterliche Zuwendung, in der alles Leben zum Leben kommt und im Leben gehalten wird. Marc Chagalls Grünen Christus im Züricher Münster umgibt eine grüne Gloriole, die zusammenfassend das Geheimnis des göttlichen und des geschöpflichen Lebens andeutet.

Im Übermaß ist Grün bedrohlich, die fremde Welt des Dschungels oder des Waldes ist eine gefährliche Welt. Bleibt das Grün da, wo es nicht die letzte Stufe der Entwicklung sein soll, in sich selber stecken, kommt Leben nicht zur Reife und schafft nicht den Übergang durch das Sterben hindurch zu neuem Leben. Jemand, der noch grün hinter den Ohren ist, ist unreif in seiner Persönlichkeitsentwicklung. Fällt ein Blatt noch grün vom Baum, trägt es nichts bei zur Pracht des Herbstes und macht keiner neuen Knospe Platz.

Gefällt dir nun das Grün als Luft-Farbe besser?

Grün passt zur Luft, stimmt. Ungewöhnlich, aber reizvoll.

Was tust du nun, um dein eigenes Grün zu entdecken?

Auf dem Speicher - da muss doch noch mein alter Farbkasten sein ... Und mein »grüner Daumen« – der ist auch nicht schlecht!

DIE BIBEL REDET VON DER LUFT

Die Erfahrungen, die Menschen mit Gott und mit sich selber in der Beziehung zu diesem Gott machen und gemacht haben, lassen sich nur mühsam in Sprache übertragen, in die Über-Setzung von einem zum anderen »Ufer«, vom Ufer der Empfindung zu dem der sprachlichen Darstellung. Alle Worte sind zu klein, zu eng, sind ungenügend, um angemessen auszudrücken, was Menschen bewegt, wenn sie Gott erfahren und dann zu »denken« versuchen.

Eine Möglichkeit solcher Über-Setzung ist das sprachliche Bild. Es entspricht dem Gemeinten deshalb, weil es gar nicht erst versucht, ihm in einem 1:1-Verhältnis zu entsprechen. Das sprachliche Bild spielt mit der Möglichkeit, anderes und mehr als die verstandesmäßig orientierte Ebene des Menschen anzusprechen. Es bietet Raum für freie Verknüpfungen, die nicht einem genormten, allgemein gültigen, scheinbar objektiv über allen Zeiten und Kulturen schwebendem Repertoire von Verstehensmöglichkeiten entnommen sind.

Statt ein Ab-Bild der Erfahrung sein zu wollen, sind sprachliche Bilder deshalb eher wie Rahmen, die dem eigentlichen Inhalt dienen und ihn unterstützend deuten.

Kinder finden solche freien Verknüpfungen leicht, weil ihr Denken sich noch nicht an allzu vielen vorgefertigten Linien entlang bewegt. Kinder denken frei fließend in ihrem Fragen wie in ihrem Verstehen. Bei Erwachsenen sind Denkrichtungen, Vorstellungen, Lösungswege häufig festgefahren, eingefahren, wie betoniert, unbeweglich und deshalb oft langweilig, manchmal auch – wie etwa bei Vorurteilen – sogar (lebens-)gefährlich.

Das Volk Gottes hat in seiner mehrtausend-jährigen Geschichte Bilder gesucht und gefunden, mit denen es seine Gotteserfahrungen zu Gottes-»Bildern« verdichtet hat. Dabei gilt vor der Gültigkeit jedes Gottes-»Bildes« das Bilderverbot: »Du sollst dir kein Bild und Gleichnis machen!« Israel hat diesem Bilderverbot eine hohe Bedeutung zugewiesen, indem es ihm den ersten Platz in der Reihe der Zehn Gebote gegeben hat. Israels Gott ist mit Bildern nicht zu fassen, er ist anders, als es je gesagt werden könnte in den Grenzen und mit den Mitteln menschlicher Erkenntnis und menschlicher Sprache. Sein einzig gültiges »Bild« ist Jesus von Nazaret.

Wenn wir die Bilder anschauen, die für Israels Gotteserfahrung stehen, gehören die Elemente Feuer, Wasser, Luft und Erde dazu. Gott ist wie Feuer, Wasser, Luft und Erde. Er ist erfahrbar *wie* Feuer, Wasser, Luft und Erde erfahrbar sind. Er ist *in* Feuer, Wasser, Luft und Erde erfahrbar: im Sturm und im Windhauch, in der Macht tobender Fluten und im Tau, der die Erde tränkt. Er begleitet das Volk auf seinem Weg durch die Wüste in einer Feuer- und Wolkensäule. Er ist wie die Erde der Boden, das Fundament, auf dem sich alles Leben entfaltet.

Jene Gotteserfahrungen Israels, die gefasst sind in das Bild seiner Luft-Erfahrungen, gehören zu den menschlichsten und poetischsten. Der erste Augenblick, in dem der Mensch mit der Luft in Berührung kommt, ist der Moment seiner eigenen Schöpfung: Nach der Erde und noch vor Feuer und Wasser kommt er mit Luft in Kontakt, wenn Gott ihm den Seelenatem in die Nase bläst. Dieses Element gehört so sehr zu ihm, dass seine Lebendigkeit bis zu seinem Tod daran gemessen werden wird, ob er noch den gehauchten Geist als kreatürlichen Atem bzw. als schöpferischen Geist in sich hat. Ein Mensch, der dauerhaft nicht mehr atmet, ist verloren für das physische, einer, der von allen – guten – Geistern verlassen ist, für das soziale Leben. Der Atem wird zum ersten und letzten Lebenszeichen in vielfacher Bedeutung.

Der Atem Gottes, der den Menschen trifft, ist Lebensatem und Gerichtsatem zugleich. Er belebt jede und jeden einzeln und das Volk als Gemeinschaft. Nicht umsonst wurde das Zweite Vatikanische Konzil, das zentral vom Volk Gottes auf dem Weg sprach, im Bild des geöffneten Fensters gedeutet, durch das frische Luft in den stickigen Muff einer erstarrten Kirche dringen kann. Auch Israel kennt das belebende Wehen des Geistes, das Erstarrung sprengt und Rettung bringt. So schwebt im Psalm 18 Gott auf den Flügeln des Windes, zu seinen Füßen dunkle Wolken. Er hüllt sich in Gewölk wie in ein Zelt. Er schnaubt, wenn er den König aus Todesgefahr rettet. Der Prophet Ezechiel ahnt, dass Gewaltiges von Gott her bevorsteht, als er einen Sturm her aufkommen sieht: »Ein Sturmwind kam von Norden, eine große Wolke mit flackerndem Feuer, umgeben von hellem Schein« (Ez 1,4). Elija erfährt, dass Gott sich auch anders als nur in der Sturm-version der Luft zeigen kann, der menschlichen Erwartung zum Trotz, wenn er weder im Sturm, noch im Beben der Erde, noch im Feuer, sondern in einem sanften Säuseln an ihm vorübergeht (1 Kön 19,11b-12).

Ein Höhepunkt der Luft-Erfahrung Israels ist die Sendung des Geis-tes bei Ezechiel, in dem zum ersten Mal die Möglichkeit einer Aufer-stehung der Toten angedeutet wird; das von Gott gegebene Leben wird nicht dem Tod zum Opfer fallen, solange Gott selber Lebensatem hat und Lebensatem ist. Die Toten werden wieder beatmet und kommen zum Leben, wie in den Tagen der Schöpfung der erste Mensch durch die Hauchung göttlichen Geistes zum Leben kam: »Rede, Menschen-sohn, sag zum Geist: So spricht Gott, der Herr: Geist, komm herbei von den vier Winden! Hauch diese Erschlagenen an, damit sie lebendig werden!« (Ez 37,9).

Das Element Luft – genau wie die anderen drei Elemente – kann mit seiner Kraft die des Menschen weit übersteigen. Es hat deshalb auch zwei Gesichter: eines, das gut, weil Leben spendend und eines, das verheerend und Tod bringend ist. Wenn der Sturm losbricht, kann ihn keine menschliche Kraft halten, keine Kulturanstrengung ihn zähmen. Wasser und Feuer kann man versuchen durch techni-sche Möglichkeiten oder durch Achtsamkeit zu bändigen. Dem Sturm ist der Mensch hilflos ausgeliefert. Er bringt Vernichtung und ist so Ausdruck göttlichen Strafgerichtes: »Wie ein verheeren-der Sturm wird der Zorn des Herrn losbrechen und alle Schuldigen treffen. Er wird nicht aufhören zu wüten, bis alles ausgeführt wird, was der Herr sich vorgenommen hat. Erst wenn es zu spät ist, werdet ihr zur Einsicht kommen und alles begreifen« (Jer 23,19f). Oder: »Ein Wirbelsturm braust hinweg über die Köpfe der Frevler« (Jer 23,19). Dahinter stehen die Wüstenerfahrungen Israels, das Sand-stürme erlebt hat, die alles hinwegfegen und alles unter sich begra-ben, was lebt, Stürme, die die Landschaft völlig verändern, so dass nichts bleibt, wie es war. Der Sturm, die Luft lehrt Israel, dass es der Macht Gottes weder etwas entgegensetzen noch sich ihr entziehen kann.

In den Schriften des Neuen Testamentes ist der Geist die entscheidende Füllung für das Symbol Luft. Der Geist – oft mit einer Taube als ihm zugeordneter Gestalt versehen – ist die bindende Kraft der Liebe, die zwischen und aus dem VaterGott und dem menschgewordenen WortGott lebt. Weil sie nicht sichtbar ist wie der Sohn, identifiziert ihn die Bibel mit dem unsichtbaren Element – mit der Luft. Im Gespräch mit Nikodemus erklärt Jesus das Wirken des Geistes so: »Der Geist weht, wo er will. Du hörst ihn nur rauschen, aber du weißt nicht, woher er kommt und wohin er geht. So ist es auch mit denen, die vom Geist geboren werden« (Joh 3,8).

Die Geburt, deren guter Ausgang durch den ersten Atemzug des Neugeborenen angezeigt wird, ist eng mit dem Geist Gottes verbunden. Er macht einen neuen Anfang möglich und bestätigt das Leben Gottes in seiner Entfaltung. Die Vergebung der Schuld, die Besiegelung der Getauften mit dem Geist in der Firmung sind Orte, an denen der Atem Gottes Leben gibt. Wenn Menschen beginnen, in seinem Rhythmus und in seinem Sinn zu atmen, werden sie schöpferisch in der Liebe. So wie in einem Luftkurort ein neues Auf- und Durchatmen möglich wird, so wird in der Nähe des göttlichen Geistes ein spirituelles und soziales Auf- und Durchatmen möglich.

Auch hier gibt es wieder einen Höhepunkt: das Pfingstereignis. »Am jüdischen Pfingstfest waren wieder alle, die zu Jesus hielten, versammelt. Plötzlich hörte man ein mächtiges Rauschen, wie wenn ein Sturm von Himmel herabweht. Das Rauschen erfüllte das ganze Haus, in dem sie waren. Alle wurden vom Geist Gottes erfüllt« (Apg 2,2.4a). Hier geschieht ein neuer Anfang. Die Angst der im Haus Versammelten verweht in einem frischen, neuen Wind. Frauen und Männer trauen sich aus dem stickigen Mief und Muff ihrer Abschottung an die nun gottdurchwehte, reine Luft und können tief Atem holen, um das Evangelium zu verkünden. Wie die Sturmwinde des Alten Testamentes ist dieser Sturm des Geistes menschlicher Verfügungsgewalt entzogen: Er ist Hauchung Gottes, geboren allein aus seiner Initiative. Die Anhänger Jesu, die sich voller Angst verkrochen und abgeschottet hatten, wären wohl nie von selber auf die Idee gekommen, Luft und Licht in ihr selbstgewähltes Gefängnis zu lassen. Gott gibt ihnen in der Kraft seiner beweglichen, beatmenden Liebe den entscheidenden und unwiderstehlichen Anstoß. Er weht sie hinaus in die Weite der Welt, die den unverbrauchten und unverbrauchbaren Sturm des Geistes – seine Inspiration – herbeisehnt wie jemand, dem es eng geworden ist ums Herz und der Luft zum Atmen herbeisehnt – damals wie heute.

BARBARA. EINE FRAU, DIE OHNE LICHT UND LUFT NICHT LEBEN KONNTE, IM GESPRÄCH MIT DEM ERZENGEL GABRIEL

B: Es rauscht so eigenartig, als ob ein Wind aufkäme.

G. Ich bin es.

B: Du? Schön, dass du da bist. Sei willkommen!

G: Du bist nicht überrascht?

B: Warum? Du hast es doch so an dir, dass du kommst wie ein Frühlingshauch– manchmal wohl auch wie der Sturmwind, oder?

G: Mal so, mal so, wie es gerade angebracht ist.

B: Wie hast du den Weg gefunden?

G: (lacht) Das kannst du dir doch denken – durch das Fenster.

B: Wie ich dich kenne, meinst du nicht irgendein Fenster.

G: Stimmt, nicht irgendein Fenster, Ich bin durch *dein* Fenster gekommen!

B: Durch das dritte Fenster?!

G: Ja, durch das dritte Fenster.

B: Du sagst es: Das dritte Fenster ist wirklich *mein* Fenster.

G: Es wird dir den Tod bringen.

B. Ich weiß. Mein Vater wird es nie gelten lassen.

G: Das Fenster?

B: Das Fenster und das, wofür es steht.

G. Hast du dir das gut überlegt?

B: Es gibt keinen anderen Weg. Ich kann nicht leben ohne diesen neuen Geist, ohne sein Wehen, ohne seine Kraft. Er hat sich Zutritt zu meinem Leben verschafft. Und nun geht es nicht mehr ohne ihn. Ohne ihn bekomme ich keine Luft.

G: Eigenartig.

B: Was ist eigenartig?

G: So habe ich das noch nie gesehen.

B: Was hast du so noch nicht gesehen?

G. Nicht was, wen! Mich selber habe ich so noch nicht gesehen.

B: Das ist auch nicht deine Aufgabe – dich selber sehen. Du bist Bote und schaust von dem, der dich sendet, auf den, zu dem ER dich sendet.

G: Zu *der*, zu *der* ER mich sendet.

B: Ein Punkt für dich! Also gut: zu *der*, zu der er dich sendet, zu *mir* als Frau. Und das andere: Du siehst jetzt dich anders als sonst?

G: Ja, mir war nicht bewusst, dass *ich* genau wie *du* getragen werde von dieser Kraft, die dich am Leben erhält, jedes Mal, wenn du atmest, und: die auch dieses Fenster füllt und es erst möglich macht.

B: Oh! Das ist jetzt neu für *mich*! Aber es stimmt. Dieses dritte Fenster - neben den beiden anderen, die mein Vater in diesen Turm hat schlagen lassen, in dem ich gefangen bin, bis er zurückkommt - gibt es nur, weil die Luft es füllt. Gäbe es sie nicht, wäre es kein Fenster, sondern nur ein nichtssagendes Nichts.

G: Du spielst darauf an, dass du deinem Vater mit diesem Fenster etwas sagen willst.

B: Ja, dieses dritte Fenster zeigt ihm, dass ich niemals von dem drei-einen Gott lassen werde, der mich liebt und den ich liebe.

G: Du brauchst ihn wie die Luft zum Atmen?

B: Du nicht?

G: (lacht) Ohne IHN bin ich nicht, kann mich nicht rühren, finde keinen Sinn.

B: Dann verstehst du mich?

G: Mehr als du glaubst.

B: Schön. Und was solltest du mir sagen, Boten-Luft-Geschöpf du, du mächtiges?

G: Ich neige mich vor dir, Barbara, denn meine Botschaft gilt dir und deiner Liebe.
Ich soll dich grüßen.
Es geht für dich dem Leben zu.
Ich soll dich rufen und dir dieses Leben ansagen.
Du bist begnadet.

Nichts soll dich schrecken, wenn der Tod dich berührt.

SEIN Geist wird dich erfüllen.

SEINE Engel werden dich tragen, wenn du den Boden unter den Füßen verlieren wirst.

B: Der offene Himmel ...

G. Ja, der offene Himmel!

```
                    klingen
                sollst D U sollst
             singen  und springen
             federleicht tanzen auch
             gedankenschwer gleiten
              auf den saiten unserer
              seele spielt D E I N E
               hand schenkt uns
                töne zu hauf
                wirbelt helle
                   dunkle
                   noten
                  auf zu
               loben    zu
              preisen    zu
             künden      zu
            feiern          all
          die           heiligen taten
          im            schallen im wallen
          im            hallen im knallen im
          fallen und im fliegen wollen wir
          D I C H lauter lieben mit flöte
          und harfe mit pauken und
            trompeten mit stimmen
              mit sinnen bis
                          alle
                          welt
                          uns
                          hört
             und              das
             klingen          das
             singen           die
             mächte           im
             rausch  D E I N E R
               lieder betört
```

Vera - Sabine Winkler

43

Alles, was atmet, lobe den Herrn

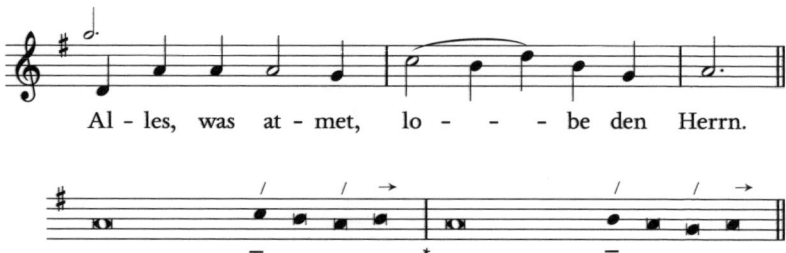

1. Lobet Gott in seinem Heiligtum,
   lobt ihn in seiner mächtigen Feste!
2. Lobt ihn für seine großen Taten,
   lobt ihn in seiner gewaltigen Größe!
3. Lobt ihn mit dem Schall der Hörner,
   lobt ihn mit Harfe und Zither!
4. Lobt ihn mit Pauken und Tanz,
   lobt ihn mit Flöten und Saitenspiel!
5. Lobt ihn mit hellen Zimbeln,
   lobt ihn mit klingenden Zimbeln.
6. Alles, was atmet,
   lobe den Herrn!
7. Ehre sei dem Vater und dem Sohn
   und dem Heiligen Geist.
   Wie im Anfang, so auch jetzt und alle Zeit
   und in Ewigkeit. Amen.

Psalm 150

Talisman

Im Atemholen sind zweierlei Gnaden:
Die Luft einziehn, sich ihrer entladen;
Jenes bedrängt, dieses erfrischt;
So wunderbar ist das Leben gemischt.
Du danke Gott, wenn er dich presst,
Und dank ihm, wenn er dich wieder entlässt.

JOHANN WOLFGANG VON GOETHE

Veni creator spiritus

1. Komm, Heil - ger Geist, der Le - ben schafft, er - fül - le uns
mit dei - ner Kraft. Dein Schöp-fer-wort rief uns zum Sein:
7. Strophe
nun hauch uns Got - tes O - dem ein. A - men.

2. Komm, Tröster, der die Herzen lenkt,
   du Beistand, den der Vater schenkt;
   aus dir strömt Leben, Licht und Glut,
   du gibst uns Schwachen Kraft und Mut.

3. Dich sendet Gottes Allmacht aus
   im Feuer und in Sturmes Braus;
   du öffnest uns den stummen Mund
   und machst der Welt die Wahrheit kund.

4. Entflamme Sinne und Gemüt,
   dass Liebe unser Herz durchglüht

und unser schwaches Fleisch und Blut
in deiner Kraft das Gute tut.

5. Die Macht des Bösen banne weit,
   schenk deinen Frieden allezeit.
   Erhalte uns auf rechter Bahn,
   dass Unheil uns nicht schaden kann.

6. Lass gläubig uns den Vater sehen,
   sein Ebenbild den Sohn verstehn
   und dir vertraun, der uns durchdringt
   und uns das Leben Gottes bringt.

7. Den Vater auf dem ewgen Thron
   und seinen auferstandenen Sohn,
   dich, Odem Gottes, Heiliger Geist,
   auf ewig Erd und Himmel preist. Amen.

Text: »Veni creator spiritus«, Rhabanus Maurus zugeschrieben 9, Jh.,
deutsche Übertragung von Friedrich Dörr, 1969
Melodie: Kempten um 1000, Wittenberg 1524, Mainz 1957

dein langer Atem

dein langer Atem treibt uns an
zu suchen
dein langer Atem ist der Weg

dein langer Atem weckt uns auf
zur Freiheit
dein langer Atem taut das Eis

dein langer Atem schenkt uns Mut
zu werden
dein langer Atem macht uns heil

Christa Peikert-Flaspöhler

Atme in mir

Du
Atem der Freiheit
atme in mir
und in der ganzen Welt

Du
Strom des Lebens
ströme in mir
und in der ganzen Welt

Du
Blitz der neuen Welt
blitze auf in mir
und in der ganzen Welt

Du
Donner der Gerechtigkeit
dröhne in mir
und in der ganzen Welt

Du
Rose des Friedens
blühe in mir
und in der ganzen Welt

Du
frischer Wind
wehe in mir
und in der ganzen Welt

Du
göttlicher Drang
bedränge mich
und die ganze Welt

Anton Rotzetter

EIN LUFT-GOTTESDIENST

Der Gottesdienst ist dem Element Luft angemessen »luftig« – es wird Ihnen keine vorgefertigte Reihenfolge von Texten oder Liedern aufgezeigt, an der entlang Sie sich hangeln müssten oder könnten. Ein Gottesdienst, der der Luft als einem Symbol für den beweglichen GeistGott Raum gibt, braucht geistigen Freiraum, damit das Wort Gottes seine Kraft entfalten kann, wie es gestalterischen Freiraum braucht im Blick auf die, die ihn feiern.

Das bedeutet nicht, dass die Vorbereitung nicht sorgfältig und kompetent sein müsste – im Gegenteil! Je weiter und offener ein Raum ist, desto verlässlicher und solider muss die Statik sein. Das, was den Gottesdienst zum GOTTES-DIENST macht, ist das Vertrauen darauf, alles getan zu haben, was notwendig ist, und gleichzeitig nichts zu tun, was sich dem Wirken Gottes eigensüchtig, geschäftig oder besorgt in den Weg stellte. Deshalb sind die *Überlegungen zur Vorbereitung* wichtig. Sie gelten für alle Gottesdienste, für die wir Ihnen Anregungen geben.

Überlegungen zur Vorbereitung

◆ Überlegen Sie, mit wem sie den Gottesdienst *feiern* werden; mit einer festen Gruppe, die sich gut kennt, mit Menschen, die auf eine offene Einladung hin kommen, Menschen, die Sie nicht kennen, danach nie mehr treffen werden?

◆ Überlegen Sie, mit wem Sie den Gottesdienst wann, wie, wo *vorbereiten* können.

◆ Überlegen Sie *Zeit und Ort* für den Gottesdienst: Wann können die Mitfeiernden zusammenkommen? Morgens oder eher am späten Abend? Wenn die Kinder zu Bett gebracht sind und sich der Partner darum kümmern kann? Eignet sich der späte Vormittag oder ist eine Stunde am Nachmittag geeigneter, damit Ältere nicht durch die Abenddämmerung nach Hause müssen? Möchten Sie in eine Privatwohnung einladen, in die Pfarrkirche, eine Wallfahrtskapelle, in die freie Natur oder in das Pfarrheim?

◆ Überlegen Sie, was für Sie, für die Gruppe oder Gemeinde, mit der Sie den Gottesdienst feiern, *aussagekräftig* ist, wenn Sie sich um das Wort Gottes versammeln. Suchen Sie Texte, Lieder, Gebete, Instrumentalmusik, Bilder, Gegenstände, die helfen, um mit diesem Wort, mit Gottes Geist und Nähe, mit der eigenen Geschichte, Sehnsucht, Hoffnung, mit den eigenen Gefühlen und der Schöpfung in einen lebendigen Kontakt zu kommen.

◆ Überlegen Sie, was Ihnen und den Mitfeiernden *Freude* machen würde und hilfreich wäre, um sich auf das Feiern zu konzentrieren: singen, still werden, zuhören, bitten, tanzen, wortlos etwas ausdrücken, ein Symbol in die Mitte holen, etwas nach Hause mitnehmen oder lieben Menschen etwas aus dem Gottesdienst mitbringen, nach dem Gottesdienst noch zusammenbleiben.

◆ Überlegen Sie, wie Sie den Gottesdienst *gestalten* möchten – »Weniger ist mehr« gilt auch hier. Lieber fünf Minuten kürzer als fünf Minuten zu lang. Eher weniger Texte, als das Wort Gottes zu zeroder die Feiernden zu »über«-reden. Lassen Sie andere und anderes reden als sonst, bringen Sie die Stillen zum Reden, nicht die, die immer etwas zu sagen haben. Ein beredtes, gutes Schweigen spricht intensiver (an) als viele Worte. Haben Sie Mut zur Stille.

◆ Überlegen Sie, welche *Materialien* Sie benötigen, und stellen Sie sie bereit; »kritische« Dinge unter Umständen auch in doppelter Ausführung. Denken Sie auch an Kleinigkeiten, deren Fehlen ziemlich viel Unruhe bringen kann: »Wo sind die Zündhölzer? Hat jemand Zündhölzer??« – und schon ist ein Teil der Aufmerksamkeit vertan und Sie verbrauchen unnötig Energie, um wieder zur Ruhe zu kommen.

◆ Was *ausprobiert und getestet* werden muss, sollten Sie nicht auf die letzte Minute verschieben. Wo sind Steckdosen? Brauchen Sie Verlängerungskabel für den CD-Player oder den Diaprojektor? Wenn Sic in fremden Räumen zu Gast sind, ist ein kleiner »Notfallkoffer« nützlich mit Papier, Stiften, Tesafilm, Krepp, Heftzwecken, Papiertaschentüchern und anderen Utensilien, die nötig sind, wenn schnell noch etwas gerichtet werden muss.

◆ Überlegen Sie, wie Sie *einladen* möchten: mit einem Handzettel, durch persönliche mündliche oder schriftliche Einladungen, mit Hilfe der sonntäglichen Vermeldungen, über die Pfarrinformationen oder die Tageszeitung, per Aushang im Schaukasten oder durch Einstellen der Ankündigung auf einer entsprechenden Website. Die unseren Gottesdienstanregungen vorgestellten Linolschnitte können Sie dabei unterstützen.

Das Allerwichtigste: Freuen Sie sich auf den Gottesdienst, auf die Menschen, die kommen werden, auf den guten Geist Gottes, der Sie begleiten und begeistern wird, auf spirituelle und soziale Entdeckungen und Stärkung.

Anregungen für einen Luft-Gottesdienst
Verlauf
Begrüßung
Einführung
Lied oder Gebet
Wort Gottes
Auslegung
Geste
Fürbitten

Vaterunser als Lied
Gebet
Segen
Lied

Begrüßung
Allen, die heute unseren Luft-Gottesdienst mitfeiern, ein herzliches
Willkommen. Wir beginnen diesen Gottesdienst
im Namen des Vaters, der uns ...(seinen Lebensatem schenkt),
im Namen des Sohnes, der uns ...(aufatmen lässt in neuer Freiheit),
im Namen des Geistes, der uns ...(mit seinem Hauch unterstützt, damit
wir das Gute tun).

Einführung
- *Nennen Sie den Anlass der Zusammenkunft:* - der monatliche Frauen
  gottesdienst, im Rahmen der Pfingstfeiertage, als Abschluss eines
  Besinnungstages ...
- *Führen Sie auf das Element Luft zu;* hier kann sich bereits eine
  zweite Frau engagieren:»Luft ist das Element aus der Reihe der vier
  Elemente, das ...«
- *Erklären Sie, warum Sie das Element Luft für den Gottesdienst gewählt
  haben:*»Luft als eines der vier Elemente begleitet uns durch diesen
  Gottesdienst, weil ...«

Lied oder Gebet

Wort Gottes
Suchen Sie einen biblischen Text, der Ihnen zur Luft etwas zu sagen hat.
Beispiele:
- die Erschaffung des Menschen durch die Beatmung Gottes – Gen
  2,4b-8
- die Rettung des Volkes Israel – Ex 14,10-12.21.22
- die Weisheit als Hauchung Gottes – Weish 7,24.25.27.28
- die Auferweckung der Ermordeten – Ez 37,1-14
- die Geistsendung an Pfingsten – Apg 1,1-4

Auslegung

Die Auslegung eines biblischen Textes kann auf verschiedene Weise geschehen, u. a. durch

- die Predigt einer einzelnen Predigerin/eines Predigers
- eine Dialogpredigt von zwei Personen
- ein Schriftgespräch aller, die sich beteiligen möchten
- eine Bildbetrachtung
- einen Tanz
- das Spiel mit biblischen Figuren
- eine szenische Darstellung
- ein Bibliodrama – zeitintensiv!
- eine Meditation mit oder ohne Gegenstände
- eine Symbolhandlung
- einen musikalischen Beitrag
- eine Kombination verschiedener Methoden.

Wählen Sie die Methode, die zu Ihrem Gottesdienst passt. Berücksichtigen Sie bei der Auswahl die Möglichkeiten der Mitfeiernden, sowohl was die gestalterischen als auch was die mehr passiven Spielräume und Kapazitäten angeht.

Wenn Sie die oben genannten Schrifttexte mit den verschiedenen Methoden in Kontakt bringen, ergibt sich eine Fülle von Auslegungsmöglichkeiten:

- die Erschaffung des Menschen als Bibliodrama
- der Weisheitstext als Schriftgespräch unter Berücksichtigung der Atem-/Wind-/Sturm-/Haucherfahrungen der Mitfeiernden
- die Ezechielvision als Tanz
- die pfingstliche Geistsendung als angeleitete Meditation mit Bildern

ODER

- die Erschaffung des Menschen als Tanz
- der Weisheitstext als Malaktion
- die Ezechielvision als Bibliodrama
- die pfingstliche Geistsendung als Predigt

ODER ...

Der Fantasie sind Grenzen nur gesetzt durch die Achtung vor dem Wort Gottes in seinem Selbststand und durch die Achtung vor der feiernden Gemeinde und vor dem Tun als gottesdienstlichem Tun.

Geste

Erfreuen Sie die Mitfeiernden mit einer Geste, die den Dank für das Geschenk des Wortes und das Verstehenkönnen dieses Wortes ausdrückt.

In einem Luft-Gottesdienst könnte das sein:
- eine Atemübung,
- das Überreichen eines aufgeblasenen Luftballons an alle Mitfeiernden, verbunden mit der Möglichkeit, den Ballon zu verschenken an jemanden, der/die ein Zeichen der Aufmerksamkeit braucht, ein »stürmisches« Dankeschön verdient, einen Versöhnungskuss oder -gruß bekommen soll;
- das Bereitstellen eines Weidenkörbchens mit Daunenfedern, die entnommen und mit einem Dankspruch auf dem Altar, neben einer brennenden Kerze auf dem Fußboden oder an eine andere passende Stelle gelegt werden;
- das Auseinanderfalten eines großen, bunten Chiffontuches, auf das bei den Fürbitten Zettel gelegt werden mit den Bitten, die dem Geist Gottes zur Belebung, Reinigung, Unterstützung anvertraut werden;
- das Aufhängen eines Klangspiels, das durch den Wind bewegt wird und dem die Mitfeiernden eine Zeitlang lauschen.

Fürbitten

Leiten Sie die Fürbitten durch eine Anrede an Gott ein oder bitten Sie die Mitfeiernden, ihre Bitten zu sagen.

Wenn Sie Fürbitten vorformulieren möchten oder müssen, besprechen Sie sich in der Vorbereitungsphase mit anderen, um diesen sensiblen Teil des Gottesdiensten aus verschiedenen Perspektiven und unter verschiedenen Blickwinkeln formulieren zu können.

Die einzelnen Bitten können durch eine Geste begleitet oder durch einen gesprochenen bzw. gesungenen Text bestätigt werden.

Schließen Sie den Fürbittteil durch einen Dank an Gott, der sich die Sorgen der Menschen zu Herzen gehen lässt und sie nicht im Wind verwehen lassen wird.

Vaterunser als Lied

Gebet

Segen
Gott, der Vater und Mutter ist
und uns schon beim ersten Atemzug mit Namen rief,
Gott, der Sohn und Wort ist
und uns als Erlöste durchatmen lässt,
Gott, der Geist und Hauch ist
und uns wie auf Adlerflügeln trägt,
dieser einzige Gott segne uns
und alles, was atmet. Amen.

Lied

Atmen – tönen – rufen – schreien – flüstern – singen
Luft erfüllt unseren Körper, die offenen Hohlräume unseres Leibes, die Lungenflügel, die Bronchien. Der ungestörte Fluss der Luft ist lebenswichtig. Keine fünf Minuten halten wir es ohne Sauerstoff aus, ohne dass menschliches Leben tödlich getroffen wird. Der Fluss der Luft durch die Kehle hält nicht nur das vitale Leben aufrecht; das soziale ist davon ebenfalls wesentlich berührt. Menschen verständigen sich über die Sprache, über die Laute, die sie von sich geben. Die Stimme eines Menschen sagt etwas darüber aus, wer er, wer sie ist, wie er, wie sie sich fühlt, was er oder sie beabsichtigt. Menschen sind an ihrer Stimme, an der Organisation von Luft in ihrem Leib zu erkennen. Das feine Gehör von Menschen, die nicht sehen können, erspürt die Stimmung eines anderen Menschen an seiner Stimme. Gefühle werden über die Stimme transportiert; was wir aus einer Stimme heraushören, täuscht oft weniger als die Worte, die jemand sagt. Wir be-stimmen etwas mit Hilfe unserer Stimme. Be-stimmt, mit be-stimmter Stimme, setzen wir etwas durch, sowohl im Sinn von »sicherlich« setzen wir etwas durch, als auch im Sinn von »mit Sicherheit«, selbstbewusst, aus Überzeugung und überzeugend.

Kinder lassen sich durch die Stimme ihrer vertrauten Bezugspersonen beruhigen, auch wenn sie sie nicht sehen können. Das Letzte, was ein Mensch im Sterben aufnimmt, ist das, was er oder sie hört, das, was die Luft ihm oder ihr zuträgt. Eine sympathische Stimme macht den ganzen Menschen sympathisch. Grölen, krächzen, heiseres Flüstern, beschwörendes Raunen lassen uns in Abwehrhaltung gehen und auf Abhilfe sinnen.

Die Stimme eines Menschen zählt zu seinen unverwechselbaren Merkmalen. Durch ein Stimmprofil kann ein Mensch eindeutig und zweifelsfrei identifiziert werden. Schrill, hysterisch, keifend, überdreht, monoton, gepresst, ängstlich, piepsig, dünn, verschlafen, gelangweilt, warm, volltönend, bestimmt, im Brustton der Überzeugung, kräftig, schwingend – es macht einen Unterschied, wie die Stimme klingt, um den richtigen Ton zu treffen, der beim Gegenüber jene Wirkung auslöst, die der Inhalt des Wortes erreichen will. Richtig zu atmen, dem Atem Raum zu geben ist das A und O einer gut klingenden Stimme. Die wenigsten Menschen sind hier Naturtalente. Eine Stimme will genauso »gestimmt« werden wie die Saiten eines Musikinstrumentes. Richtig zu atmen kann gelehrt und gelernt werden. Schon kleine Übungen bringen große Wirkungen hervor:

◆ Suchen Sie eine ruhige Zeit und einen geschützten Ort, so dass Sie ganz für sich sein können ohne Störung von außen. Stellen Sie sich einen Stuhl so hin, dass Sie genau jene Freiheit und jene »Rückendeckung« haben, die Sie jetzt brauchen. Setzen Sie sich auf die Kante des Stuhles; wenn Sie sich anlehnen möchten, achten Sie darauf, dass Sie nicht gepresst sitzen und nicht eingeengt werden. Rutschen Sie so lange auf der Sitzfläche herum, bis Sie die unteren Knochenränder Ihres Beckens spüren und sich gut auf Ihrem Po niedergelassen haben. Lenken Sie Ihre Aufmerksamkeit auf Ihre Wirbelsäule von den Wirbeln des Kreuzbeines ganz unten ausgehend bis zu den Halswirbeln, die Ihren Kopf tragen. Lassen Sie sich ganz langsam von einem unsichtbaren Faden, der am höchsten Punkt Ihres Schädels befestigt ist, in die Höhe ziehen – nur so weit, wie es Ihnen angenehm ist. Versuchen Sie vorsichtig, in einer ganz kleinen Bewegung, am anderen Ende Ihrer Wirbelsäule das Kreuzbein rund nach außen zu bewegen. Ruckeln Sie wieder auf dem Stuhl herum, bis Sie aufrecht sitzen, nicht steif und nicht verkrampft. Legen Sie ganz leicht Ihre Fingerspitzen der rechten und der linken Hand in Ihrem Schoß aneinander, pressen Sie sie ein wenig und lassen Sie los, wenn Sie den Eindruck haben, es reicht. Ihre Hände bleiben ruhig in Ihrem Schoß liegen. Achten Sie gelassen auf das, was Ihr Körper nun möchte, und geben Sie ihm nach.

◆ Setzen Sie sich in der oben beschriebenen Weise auf einen Stuhl. Wenn Sie gut und aufrecht sitzen, lassen Sie in Gedanken ganz langsam vom Kreuzbein her einen angenehmen, warmen Luftstrom über Ihren Rücken streichen. Geben Sie sich dem Strom hin und folgen ihm auf seinem Weg die Wirbelsäule hinauf, bis er über den Halswirbeln zu beiden Seiten nach außen fließt. Folgen Sie sei-

nem Lauf die Schultern hinunter und lassen Sie dabei die Schultern
dem Fließen folgen. Achten Sie darauf, was Ihr Körper möchte, und
geben Sie diesem Impuls nach.

◆ Nehmen Sie die gleiche Haltung wie oben ein. Wenn es Ihnen besser gefällt, stellen Sie sich aufrecht, aber locker hin. Brummen Sie
nun auf Mmm in einer tiefen Tonlage, die Sie ohne Anstrengung
erreichen können. Denken Sie sich dabei ein »u«. Achten Sie darauf,
dass Ihr Hals sich frei anfühlt, nicht verkrampft oder gepresst. Halten Sie Ihr Kinn ganz leicht und luftig, ohne es in die Höhe zu
strecken. Wenn Sie die »Indifferenzlage« Ihrer Stimme gefunden
haben, freuen Sie sich an der sicheren und flexiblen Resonanz des
Tones in Ihrem Leib. Probieren Sie immer wieder, diesen Ton zu finden. Sie werden merken, dass Ihre Stimme an Tiefe gewinnt.

◆ Versuchen Sie – ganz vorsichtig und ohne Übertreibung – das Gleiche mit der Höhenlage Ihrer Stimme. Führen Sie dabei Ihren Atem
bewusst und locker unter Ihre Schädeldecke, so dass Sie seine
Schwingungen auch dort spüren können. Aber: ganz, ganz leicht
und behutsam! Hilfreich ist hier, wenn Sie sich zu dem Mmm ein
»i« dazu denken, ohne es zu artikulieren.

◆ Atmen Sie mit Genuss und ganz bewusst Düfte ein, die Sie gerne
mögen. Wenn Sie diesen Duft nicht bei sich haben, holen Sie sich
ihn in Gedanken und lassen dabei die Luft leicht fließend in Ihren
Brustkorb ein- und ausströmen.

◆ Wenn Sie spirituelle Erfrischung und Stärkung brauchen, nehmen
Sie die obige Sitzhaltung ein und öffnen langsam und konzentriert,
voller Vertrauen nacheinander die Räume Ihres Körpers für Gott
und seine Gegenwart: die Hohlräume des Schädels, die des Halses,
den Brustkorb, den Bauchraum, den Unterleib, alle noch so kleinen
Ecken und Enden. Lassen Sie sich durchströmen und geben den Im-
pulsen nach, die Ihr Körper Ihnen signalisiert.

◆ Wenn Sie mit Ihrer Atmung oder Ihrer Stimme nicht zurecht kommen, suchen Sie professionelle Hilfe. Achten Sie bei Ihren Kindern
und Enkelkindern darauf, dass sie gut und richtig sprechen und atmen lernen.

◆ Singen Sie! Singen Sie auch und gerade dann, wenn Sie meinen,
nicht singen zu können. Es kann ruhig laut und »falsch« sein,

Hauptsache ist, Sie singen mit Lust und Freude. Probieren Sie sich aus, wenn Sie singen. Ziehen Sie alle Register, quer durch Ihr gesamtes Repertoire vom Küchenlied bis zur Opernarie, Rock, Pop, alles, was Ihnen in den Sinn und über die Lippen kommt.

Dankbar mit der Luft umgehen

Übungen aus Kindertagen sind nicht die schlechtesten, um dankbar und spielerisch mit dem gewaltigen Element der Luft umzugehen. Viele Menschen können das nicht, weil sie, teilweise schon in frühen Jahren, Probleme mit Luft und Atmen haben. Lassen Sie deshalb nicht nur Ihr eigenes Atmen gut werden, setzen Sie sich, wenn Sie können, für Menschen ein, denen die Luft zum Atmen im wörtlichen und im übertragenen Sinn geraubt wird, denen der Atem stockt. Luftverschmutzung macht schon Kinder krank, Umweltgifte produzieren Allergien, die Haut, Lunge und Bronchien angreifen. Mukoviszidose- und asthmakranke Menschen dürfen Rücksicht in Kindergarten und Schule, an Ausbildungs-, Studien- und Arbeitsplätzen einfordern. Unsere gesamte Welt mit allen Geschöpfen ist auf die »grünen Lungen« der Natur angewiesen. Schützen Sie die Umwelt durch verantwortungsvollen Umgang mit Energieträgern aller Art. Denken Sie daran: Es soll Ihnen Freude machen, gut mit sich und Ihrer Luft umzugehen. Zum Einstieg vielleicht so:

◆ einen Luftballon aufblasen,
◆ ein Windrad so »beatmen«, dass es ins Sausen kommt,
◆ eine Feder nur mit dem Atem durch die Luft dirigieren,
◆ in das Segel eines Segelschiffchens blasen, während Sie gemütlich in der Badewanne sitzen,
◆ sich nackt, geschützt vor unerwünschten Blicken, an das geöffnete Fenster stellen und mit der ganzen Hautoberfläche Luft in den Körper lassen,
◆ mit Wonne ein- und ausatmen und dabei Kraft und Elastizität des Körpers spüren.

Die Luft mit allen Sinnen erforschen

Die Haut als das größte menschliche Organ ist auch »Atmungsorgan«. Menschen mit Verbrennungen, die ein bestimmtes Maß überschreiten, drohen zu ersticken. Es atmet unser ganzer Körper mit allen Sinnen, das Außen und das Innen des Menschen, wenn wir Luft holen oder besser: wenn wir Atemluft in uns hinaus- und hineinfließen lassen. Im Letzten bedeutet Luft »holen«, atmen, dass wir uns aus der Tiefe unserer Existenz heraus damit einverstanden erklären, dass wir leben, dass es uns gibt im Zusammenhang alles dessen, was geschaffen ist. Und: Wir atmen zwar aus eigener Kraft, werden aber auch getragen durch den uns in der Regel unbewussten Vorgang des Atmens. Es ist dafür gesorgt, dass wir uns aktiv einbringen können in die Gestaltung des Lebens, aber auch dabei unterstützt werden. Wir dürfen uns dem Atem, dem Atmen, dem Leben überlassen.

Atmen Sie lebendig und zustimmend mit Ihrem ganzen Körper und mit allen Sinnen:

- Halten Sie Ihre Hände in einem Luftstrom und ertasten Sie die Luft.
- Schauen Sie ziehenden Wolken nach.
- Erriechen Sie, was die Luft an Gerüchen mit sich bringt.
- Hören Sie dem Wind zu, wenn er säuselt oder stürmt.
- Schmecken Sie die Luft des Morgens, des Mittags, des Abends und der Nacht, indem Sie Ihre Zunge in den Wind halten, und bekommen Sie so Geschmack an reiner Luft.

ALS DAS WÜNSCHEN NOCH GEHOLFEN HAT

Wie schön wäre es, wenn es je so gewesen wäre – dass das Wünschen geholfen hätte! Wie schön, wenn es je wieder so sein könnte – dass, ist der Wunsch ausgesprochen, er auch schon Wirklichkeit wäre. Sollen wir uns das mit Herz und Verstand, mit Vernunft und Intuition wünschen – dass das Wünschen so hilft? Ja und Nein.

Wünschen soll helfen, dass etwas geschieht, wenn Menschen »alles« tun, um Wünsche Wirklichkeit werden zu lassen, »alles«, was sie aus eng gewordenen Horizonten herausführt in die Weite und Freiheit des Lebens. Wünschen weckt Kräfte, ungeahnte, unglaubliche, unerhörte. Menschen entdecken, dass sie zu mehr und zu anderem fähig sind als nur zu dem, wozu sie z. B. erzogen worden sind. Geschlechterrollen – Ein Mädchen tut das nicht! – Vorurteile – Das kannst du nicht! – Hemmungen – Das ist nichts für mich! – Verzagtheiten - Das lerne ich nie! – fallen wie Lehmbrocken vom Leib und von der Seele, wenn der Wunsch nach Wachsen und Verändern stark genug ist, um »Bärenkräfte« zu ent-fesseln. Innere und äußere Beweglichkeiten melden sich, wollen und können geübt werden. Eine neue Wachheit lässt die leiblichen und seelischen Sinne präziser sehen, genauer hören, sensibler ertasten, intensiver schmecken und erinnernd riechen.

Gut-wünschen-können kann heilen. Gut heißt: wahrhaftig wünschen, ehrlich vor sich selber wünschen. Ab und zu sagen wir zwar einen Wunsch, uns oder anderen, meinen es aber nicht ernst, nicht ehrlich. Beim Wünschen mit halbem Herzen gibt es einen verräterischen Augenblick des Zögerns, in dem die Frage leise-laut wird: »Was wäre denn, wenn mein Wunsch in Erfüllung ginge? - Oh nein, alles nur das nicht! Dann müsste ich ja dies oder das *tun*, dies oder das würde müsste ich ändern. Lieber dem Wunsch die letzte Kraft versagen und alles so lassen, wie es ist!«

Wünsche und Wahrheit gehören zusammen

Wünsche, die im Letzten ungefährlich sind, sind keine. Sie sind Vertröstungen, Entschuldigungen, ein Sich-fern-Halten von den Veränderungen, die das Vertraute, das durchaus auch unangenehm sein kann, über den Haufen werfen würde. Wünsche bringen etwas über uns »an den Tag«, wenn wir heimlich wünschen, dass sie auf keinen Fall in Erfüllung gehen sollen. Wünsche demaskieren. Wünsche machen verletzlich, weil sie uns in unserer Hilflosigkeit und in unserem Angewiesensein genauso zeigen können wie in unserer Verdrehtheit.

Wünschen soll nicht so gehen, dass Menschen einander durch das Wünschen beherrschen. Wünschen soll auch nicht so geschehen, dass das »Alles« der Bemühungen, Wünsche wahr werden zu lassen, blind macht für das, was außerhalb des Wünschens geschieht. Wünschen soll nicht so gehen, dass dieses »Alles« seine eigene Dynamik entwickelt, dabei über andere hinwegtrampelt oder sie nadelfein in ihrer Würde zersticht. Solches Wünschen zerstört Beziehungen und erzählt keine befreienden Geschichten, die aufhorchen lassen. Wünsche, die sich nicht mehr kontrollieren lassen, werden zu Gespenstern, werden maßlos, gefräßig, vergiftend.

Wenn im Märchen ein Wunsch erfüllt ist und alles zu einem Ende gekommen ist, heißt es: »Und wenn sie nicht gestorben sind ...« Und dann? »... dann leben sie noch heute!« Und dann? Ja, was kommt dann? Im wirklichen Leben kommt dann der nächste Wunsch. Und dann? Wieder der nächste. Und noch einer. Und nie hört das Wünschen auf? Nein, nie hört das Wünschen auf – dieses Wünschen nicht. Nie ist man wunschlos glücklich? Nie! Denn das Glück flieht vor maßlosem Wünschen. Bei Wünschen, deren Erfüllung die Seele in der Tiefe nicht satt machen, wird das Wünschen zur Plage, zum Geist, den ich rief und den ich nicht mehr loswerde. Ein böser Geist, ein besitzergreifender, klebriger, lästiger Geist, der vor Langeweile aus allen Poren stinkende Geist.

Wie Wünschen wirklich hilft

Wünschen hilft, wenn im Wunsch nicht alles aufs Spiel gesetzt wird. Wünsche sind wie Segel, die ausgespannt werden, um einem Schiff im Spiel mit dem Wind Fahrt zu geben. Sind sie ungepflegt, zerrissen oder verbraucht, halten sie der Macht der Elemente nicht stand. Sind sie zu groß oder zu klein, wirken sie lächerlich oder werden zur Gefahr. Segel sind nicht das Schiff, ein kundiger Mensch bringt sein Schiff auch mit Rudern in den Hafen. Segel sind nicht das Wasser, das das Schiff trägt und umspielt. Segel sind nicht der Wind. Segel haben ihre eigene unverwechselbare Aufgabe: Segel helfen weiterzukommen und zu neuen Ufern zu gelangen. Segel zeigen an, wo sich ein Schiff befindet. In den Segeln singt der Wind.

Setzen Sie die Segel Ihrer Wünsche. Wünschen Sie sich, anderen, der Welt das, was Ihnen, den anderen, der Welt gut tut, was heil und stark macht und dem Leben Fahrt gibt. Segeln Sie los!

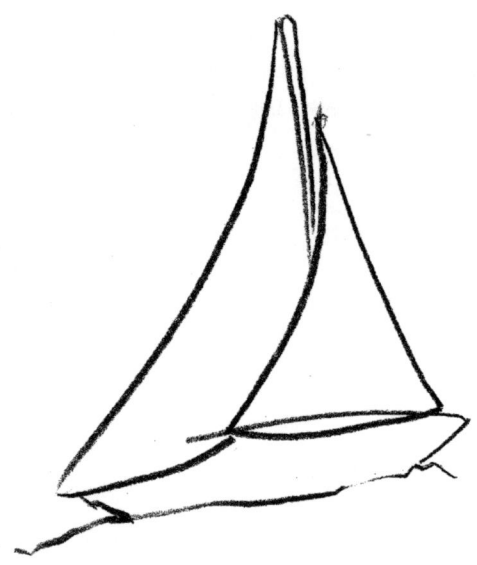

Ich wünsche mir

Ich wünsche dir

Ich wünsche für die Welt

Mein Luft-Tagebuch

FLIESSEN – DAS WASSER

WASSER ENTDECKEN

Wasser, klares Wasser

Wasser[3] ist Leben. So einfach und so kompliziert ist das. Ohne Wasser gibt es kein Leben auf dieser Erde. Wasser ist das Element, das als Frucht-Wasser alle Säugetiere und damit auch den Menschen lange vor der Geburt umgibt. Ohne Wasser verdursten wir, ohne Wasser verbrennen wir.

Wasser ist für die meisten von uns so selbstverständlich, wie viele Dinge es sind – bis sie zur Mangelware werden. Oder schlimmer noch: bis sie keine Ware mehr sind, weil sie nicht gehandelt werden können, weil sie nicht mehr zur Verfügung stehen. Millionen von Menschen leiden unter (Trink-)Wassermangel, unter Mangel an sauberem Wasser, darunter, dass ihre »handgreiflichen«, ihre sozialen, geistigen oder ihre spirituellen Wasserquellen zu versiegen drohen oder schon versiegt sind.

Eine kurzzeitige Wasserknappheit in heißen Sommern lässt uns in gemäßigten Breiten ahnen, was das heißt: Es gibt kein Wasser. Gleiches tut ein zeitlich begrenztes Verbot des Duschens nach einer Operation oder während einer Bestrahlung: Es vermittelt das Gefühl eines viel grundsätzlicheren Wassermangels.

Der Ärger nach dem Urlaub, weil die Nachbarin vergessen hat, die sorgfältig gehegten Pflanzen zu tränken und sie alle eingegangen sind, ist nichts gegenüber dem Schmerz der Bäuerinnen und Bauern aller Länder und Kulturen, wenn ihnen die Ernte auf dem Halm vertrocknet oder die Saat nicht aufgeht, weil es kein Wasser gibt.

Was wir kaum nachempfinden können, ist die Verzweiflung von Eltern, wenn sie ohnmächtig zusehen müssen, wie ihre Kinder und auch die Alten krank werden und sterben, weil es kein sauberes oder kein ausreichendes Wasser gibt.

---

3 Als Arbeitshilfe empfehlenswert: Wasser ist Leben. Anregungen,Texte, Ideen zum Thema Wasser, Katholischer Deutscher Frauenbund Diözesanverband Augsburg, 1997.

Umgekehrt: Dass Wasser ein unvergleichlicher Genuss sein kann, weiß jedes Kind. Schauen Sie ihnen nur einmal beim Plantschen an einem heißen Sommertag zu!

Wasser bewusst erfahren

Der Bedeutung des Wassers angemessen ist es, sich darum zu bemühen, Wasser *bewusst* zu erfahren:

◆ Was sind Ihre guten *Wassererfahrungen*, was die weniger guten? Schreiben Sie sie auf – die einen auf die rechte, die anderen auf die linke Seite eines großen Kartons. Lassen Sie diese Erfahrungen für eine Zeit mit sich gehen, gut sichtbar angebracht an der Küchentür, über dem Schreibtisch, an der Waschmaschine.

◆ Lassen Sie sich Ihre Erfahrungen mit *Wassermangel* bewusst durch den Kopf und das Herz gehen. Wie ging es Ihnen damit? Wer oder was brachte die Wende in dieser Not? Wem und warum waren Sie dankbar dafür? Bringen Sie Ihre Gefühle zum Ausdruck in Worten, in einem Bild, in einem Lied, in einem Tanz.

◆ Denken Sie auch an einen sozialen oder spirituellen »Wassermangel«, an Zeiten geistlicher Trockenheit. Wie war Ihr Befinden damals, welche Wege sind Sie seither gegangen? Wer hat Ihnen neue Quellen erschlossen oder alte wieder zugänglich gemacht?

◆ Lassen Sie in aller Ruhe Ihre Gedanken um das *Fruchtwasser* kreisen, in dem Sie vor Ihrer Geburt wuchsen und reiften. Fühlen Sie Ihre damalige Geborgenheit; versuchen Sie Wärme und Schwerelosigkeit dieses Wassers nachzuempfinden. Spüren Sie den Veränderungen nach, die die Schwerkraft für Sie nach der Geburt gebracht hat: Stellen Sie sich, wenn es Ihnen möglich ist, langsam und bewusst auf die eigenen Füße oder erheben im Sitzen die Arme. Spüren Sie der Schwere und (Stand-)Festigkeit Ihres Körpers nach, der aus dem Wasser kam und der heute auch vom Wasser stabil gehalten wird. Freuen Sie sich darüber, dass Sie beides kennen lernen durften: Schwerelosigkeit und Schwere, Schweben und aufrecht Stehen bzw. Sitzen.

◆ Zollen Sie dem Wasser in seiner doppelten Wirkungsweise Respekt – Wasser belebt und Wasser zerstört. Nehmen Sie diese Fähigkeit des

Wassers zum »Vor-Bild«, um über Ihre eigenen Potenzen zum Beleben und zum Zerstören nachzudenken, um zu überlegen, wie Sie
diese Kräfte genutzt haben oder nutzen möchten.

◆ Machen Sie einen *Ausflug* an einen See und überlassen sich seiner
Stimmung: morgens in aller Frühe »vor Tag und Tau«, abends bei
Sonnenuntergang, in der Kühle und Ruhe der Nacht – wenn nicht
gerade ein Froschkonzert oder ein Gewitter tobt!

◆ Entdecken Sie die christliche *Seefahrt*. Eine Fahrt mit einem Aus-
flugsschiff – nicht zu voll, nicht zu viele Leute, in freundlicher Gesellschaft – vermittelt eine Ahnung davon, was es heißen könnte, auf
dem Wasser zu Hause zu sein.

◆ Widmen Sie Ihre Aufmerksamkeit und Ihre Solidarität Menschen,
die um ihr Leben und das ihrer Kinder und Familien zu retten, über
das Wasser *flüchten* mussten, heute in vielen Ländern der Erde, vor
Jahrzehnten in der Zeit des nationalsozialistischen Terrors überall
in Europa, morgen irgendwo auf der Welt. Lassen Sie diese Geschichte nicht vergessen sein. Engagieren Sie sich bei kirchlichen,
staatlichen und freien Hilfswerken und Aktionen.

◆ Unterstützen Sie die *Wasser- und Brunnenversorgung* in mit Wasser
unterversorgten Ländern der Erde.

◆ Versuchen Sie ein *Wassergebet* zu formulieren, mit dem Sie für das
Wasser danken, das Ihnen das Leben erhält, die Arbeit erleichtert,
Erfrischung und Reinigung schenkt und Freude bereitet.

Tränen

Auch Tränen sind Wasser, Freudentränen, Tränen des Schmerzes und
der Trauer, der Sehnsucht und der verlorenen Liebe, Tränen der Wut
und des Zornes. Bleiben sie ungeweint, verschlossen in den tiefen Kam-
mern der Seele, drohen sie sie zu vergiften. Verfließen sie hemmungs-
los zu jeder Zeit in einer weinerlichen Grundhaltung, verlieren sie ihre
mahnende, reinigende und lösende Kraft. Angst vor Tränen führt zu
Verkrampfungen der Seele und des Leibes, zu geistlicher, sozialer und
spiritueller Dürre. Tränenseligkeit frisst in ihrer überzogenen Zucker-
süße Löcher in die psychische Standfestigkeit dem alltäglichen Leben
gegenüber.

Mit Tränen umzugehen will gelernt sein, sowohl mit eigenen als auch mit fremden. Hier zeigt sich, ob ein Mensch mit dem Leben gut umgehen kann oder ob er/sie es nachlässig oder oberflächlich behandelt, herzlos oder stumpf. Der Mut, die eigenen Tränen zuzulassen und die fremden mitzutragen, stärkt den Rücken und lässt aufatmen wie neugeboren. Das Durchleiden und das Den-Tränen-ans-Licht-Helfen gleicht in manchem dem Durchleben und dem Begleiten einer Geburt, bei der das Kind aus dem Wasser der mütterlichen Welt übertritt in das Atmen seiner eigenen Existenz.

Was das Wasser lehrt

Wasser ist ein königliches Element. Es dient, lässt sich dabei aber nicht vereinnahmen. Vom Wasser kann man/frau lernen, wie das geht: in Würde und Selbstbestimmung einzelnen Menschen, einer Gemeinschaft, einer Sache zu Diensten zu sein.

Wasser kann die Angst vor Veränderungen vertreiben: Nie ist es dasselbe Wasser, das einen Wasserfall hinunterstürzt; und doch bleibt der Wasserfall dieser Wasserfall. So wie sich das Wasser in jeder Minute ändert, ohne dass die Existenz des Wasserfalls dabei verloren ginge, so können sich Leib, Geist und Seele des Menschen mit den Jahren verändern, kann die Zeit, die verfließt wie das Wasser, an ihm ihre Spuren hinterlassen, ohne dass er sich selber verliert.

Wasser kommt sowohl aus der Erde hinauf als auch vom Himmel herab. Wasser gibt es in unterschiedlichen Aggregatzuständen, fest als Eis, als Hagel, als Schneeflocke, flüssig als Wasser, gasförmig als Dampf. Das Wasser vergibt sich nichts, wenn es im Zusammenhang und im Einklang mit seiner Umgebung seine Gestalt ändert. Wasser wird durch Veränderung nicht wirkungslos. Im Gegenteil. Die verschneite Landschaft, die Hagelbeulen im Auto, die Eis schleckenden Leckermäulchen, die sauber gewaschenen Hände, die geglättete Bügelwäsche, die mit dem Dampfbügeleisen bearbeitet wurde – sie alle könnten Geschichten erzählen von der – wunderbaren - Anpassungsfähigkeit des Wassers.

Starrsinniges Beharren auf Sätzen wie: »Nur so und nicht anders!«, oder »Das war schon immer so, das bleibt auch so!«, ist unökonomisch und zerrt an den Nerven. In der Regel sind solche Sätze zudem unangemessen und ungerecht. Wasser lehrt innerlich beweglich zu sein, ohne das Ziel aus den Augen zu verlieren. Es lehrt die Aufmerksamkeit auf das zu richten, was *jetzt* notwendig und möglich ist, ohne die Prinzipien zu verlieren, jene »Anfangskräfte«, die vor allen anderen unser Leben tragen. Wasser lehrt die Notwendigkeit von Wechsel und Bestand und die Kunst der Verbindung von sozialer Harmonie und individuellem Wachsen.

Wasserspiel

auftauen

Ader

aufweichen

Chaos

Durst

beleben

Ball

Härte

ertränken

Floh

Jungfer

Insel

fallen

Glas

Kraft

frieren

Lauf

fließen

Mangel

glitzern

Nixe

Oberfläche

Pflanze

herabstürzen

rauschen

Quelle

Rad

regnen

reinigen

Uhr

schwimmen

Verschmutzung

spritzen

tränken

steigen

Weg

überfluten

tröpfeln

waschen

Yacht

zerstören

Zeichen

Ich gieße Wasser auf dürstende Flur,
rieselnde Fluten auf trockenes Erdreich.
Auf deine Nachkommen gieße ich meinen Geist,
meinen Segen auf deine Kinder.

Jes 44,3

WASSER-FARBE BLAU

Blau ist Farbe des Himmels und des Wassers, Farbe der Quellen und des Göttlichen, der Fantasie und der Treue. Blau ist Symbol für Reinheit und für spirituelle Kraft. Blau ist die Farbe der Treue und des Glaubens, die der geistigen Welt, der Träumerei und der Mystik. In der mittelalterlichen Malerei ist der Mantel der Gottesmutter als der einer Geistbegnadeten blau. Im Orient gilt auch heute noch Blau als Schutzfarbe vor dem Bösen.

Sind Sie in Ihrem Element, wenn Sie an Blau denken? An himmelblau, tiefblau, taubenblau, schwarzblau, hellblau, lichtblau, strahlend blau, kobaltblau, jeansblau, dunkelblau, aquamarinblau, tintenblau, nachtblau, blaugrau, eisblau, kornblumenblau, ultramarinblau, königsblau, lapislazuliblau, indischblau, türkisblau, preußischblau, indigoblau, samtblau, blassblau, stahlblau, zartblau, blaugrün, blaurot, blauviolett?

An Blaustrümpfe oder an den Blautopf, an blaues Blut oder an Blauäugige, an blaue Wunder oder an die blaue Blume, an einen blauen Montag oder an Blaudruck, an blaue Jungs oder den Blauen Planeten, den Blauen Engel, den Blauen Enzian oder an die Blaue Grotte von Capri? An einen Blauen Brief oder an das blaue Band des Frühlings, an die blaue Mauritius oder an einen blauen Fleck, an Forelle blau oder ans Blaumachen oder ans Blausein gar? An eine Fahrt ins Blaue oder an Ins-Blaue-Reden, an den Blauen Eisenhut oder an den Blauen Nil, den Blauen Reiter oder an Blaubart, an Blaubeeren oder Blauhelme, an Blaukraut oder an »Blaukraut bleibt Blaukraut und Brautkleid bleibt Brautkleid«? An Blaulicht und Blausäure, an einen Blaumann, den Blauen Anton oder an die Blaumeise, an Blauschimmel oder Blaustich, an eine blaue Stunde oder an Ihr erstes blaues Auto und an Großmutters blaues Porzellan? Blau, blau, blau, nichts als Blau– bis einem und einer der Kopf schwirrt und alles nur noch blau zu sein scheint!

Mit Blau verbindet sich der Rausch wie die Sehnsucht, unergründliche Tiefe wie abweisende Kühle, Glanz und Geheimnis, Königliches und Mädchenhaftes. Blau steht fast jeder Frau. Blau eignet sich für Samt und Seide wie für Jeansstoff, für Abendkleider wie für Arbeitskleidung, für Uniformierte wie für Freiheitsliebende. Blau ist unaufdringlich und klar in seinen Schattierungen, selbstständig und sensibel.

Schwelgen Sie in den guten Seiten des Blau! Bewegen Sie sich mit Ihren Gedanken vertrauensvoll im Dreieck von Glaube, Treue, Sehnsucht. Lassen Sie Ihre Augen und Ihre Seele Blau trinken, bis sie sich innerlich und äußerlich satt gesehen haben.

Erkunden Sie aber auch die Schattenseiten des Blau. Weisen Sie die verschwimmenden, irrlichternden Blaus von sich und suchen Sie Ihren »Blaupunkt«.

Pendeln Sie zwischen dem Blau und seiner Komplementärfarbe, dem Goldgelb, zwischen innen und außen, Tag und Nacht, Macht und Barmherzigkeit, Freiheit und Erinnerung, hell und dunkel, passiv und aktiv und verbinden behutsam, aber konsequent beides miteinander zu einer stärkenden, schützenden und schöpferischen Einheit.

Wasser stellt in der Bibel als respektgebietende, schöpferische, gewaltige Lebensmacht ein zentrales Deutungsmittel der Gotteserfahrung Israels dar. Ohne Wasser ist weder die Schöpfung zu denken noch die Erlösung, weder die Geschichte des Volkes noch die Geschichte aller Menschen, die Gott suchen.

◆ Als die Erde noch ungeordnet und leer war, schwebte der Geist Gottes über den Wassern (Gen 1,2). »Schweben« hat im Hebräischen auch die Bedeutung von »besorgt sein um«, »sich um etwas kümmern«. Wenn der Geist über den Wassern schwebt, ist er diesen Wassern nicht fern und steht ihnen nicht gleichgültig oder feindlich gegenüber. Er kümmert sich um die Wasser, damit sie ihren rechten Platz bekommen und ihre ihnen zugedachte Aufgabe erfüllen können. Die positive Verknüpfung von Wasser und Geist Gottes ist hier grundgelegt.

◆ Der Paradiesgarten wird von den vier Lebensströmen (Gen 2,10-14) durchflossen, deren Quelle eine einzige ist und die sowohl in der prophetischen Tradition (Ez 47,1-12) als auch im letzten Buch der Bibel, der Offenbarung des Johannes (Offb 22,1), eine Rolle spielen.

◆ Als soziale und spirituelle Überhitzungen wie Ungerechtigkeit, Selbstüberschätzung, Überheblichkeit und Götzendienst die Herzen der Menschen ausdörrte, überströmten die Wasser der Sintflut den unbewohnbar gewordenen Lebensraum und ertränkten alles, was dem Leben nicht mehr standhalten konnte.

◆ Gottes Lieblingsgestalt, die Weisheit, die immer bei ihm ist, die seine Wohnung und sein Leben mit ihm teilt, wird verstanden als göttliche »Wasserspende«, ohne die alles Leben und Glauben ins Stocken kommt oder vertrocknet, leblos, dürr und unfruchtbar wird.

◆ In vielen Psalmen spielt Wasser als Bild für die Sehnsucht des Menschen nach Gott und für seine Bedürftigkeit nach Gottes Nähe eine Rolle.

- Ps 23: Er (Gott) lässt mich lagern auf grünen Auen und führt mich zum Ruheplatz am Wasser.
- Ps 42,2f: Wie der Hirsch lechzt nach frischem Wasser, so lechzt meine Seele, Gott, nach dir. Meine Seele dürstet nach Gott, nach dem lebendigen Gott.
- Ps 63,2: Gott, du mein Gott, dich suche ich, meine Seele dürstet nach dir. Nach dir schmachtet mein Leib wie lechzendes, dürres Land ohne Wasser.
- Ps 69,15f: Zieh mich heraus aus dem Verderben, aus dem tiefen Wasser. Lass nicht zu, dass die Flut mich überschwemmt, die Tiefe mich verschlingt, der Brunnenschacht über mir seinen Rachen schließt.

Brunnen sind als Wasserorte Stätten der Gottesbegegnung, gerade auch für Frauen. Sowohl Hagar als auch die samaritische Frau finden hier zu einer neuen Gotteserkenntnis und zu einer erfrischten, erfrischenden, selbstständigen, weiblichen Gottesbeziehung:

♦ Am Brunnen erkennt Hagar, die von ihrem Mann verstoßene zweite Frau Abrahams, in einer schier ausweglosen Situation, dass Gott ein Gott ist, »der nach mir schaut«. Der erste Gottesbezug, der nicht auf der Erfahrung Gottes als Sippen- oder Stammesgott beruht, sondern auf einer individuellen, personalen Erkenntnis, wird von ihr am Brunnen als »El-Roi« formuliert. Gott schaut nach Hagar in ihrer Not, nach einer einzelnen Frau, die sich als Geliebte Gottes in ihm spiegeln darf.

♦ Die samaritische Frau ist in vergleichbar schwieriger Lage. Auch ihr Leben steckt in einer Sackgasse – sozial, spirituell, als Frau. Sie erkennt Jesus am Jakobsbrunnen als die lebendige Quelle für sich.

In der Rede Leben Jesu ist Wasser ein existentielles Schlüsselwort für sein Selbstverständnis:

♦ Die Taufe im Jordan durch seinen Cousin Johannes (Lk 3,21f) ist für ihn Berührung mit lebendigem Wasser, bevor er als der geliebte Sohn legitimiert wird.

♦ Bei der Hochzeit zu Kana (Joh 1-11) wird das Wasser der Wasserkrüge zum Ausgangspunkt seiner ersten öffentlichen Zeichenhandlung:

Jesu Gabe ist der Wein – die unvergängliche Freude - des ewigen Hochzeitsfestes.

◆ Jesus stillt den Sturm auf dem See (Mk 4,35-41), geht auf dem See zu den Jüngern (Mk 6,45-52) und rettet Petrus vor dem Ertrinken (Mt 14, 25-31).

◆ Im Abendmahlssaal wäscht er den Jüngern die Füße (Joh 13,2-10).

◆ Am Kreuz leidet er unter der Gottesferne wie unter unerträglichem Durst und bekommt doch nur Essig zu trinken (Joh 19,28f).

◆ Aus seiner geöffneten Seite strömen nach dem Tod Blut und Wasser (Joh 19,33f).

◆ Nach der Auferstehung begegnet Jesus den Jüngern am See (Joh 21,1).

Drei entscheidende theologische Aussagen Jesu sind mit Wasser verbunden:

◆ Im nächtlichen Gespräch mit dem Ratsherrn Nikodemus bringt er seine Vorstellung des Neugeborenwerdens aus dem Geist mit Wasser in Zusammenhang: »Wenn jemand nicht aus Wasser und Geist geboren wird, kann er/sie nicht in das Reich Gottes kommen« (Joh 3,5).

◆ Der samaritischen Frau verdeutlicht er die Wirkung einer lebendigen Beziehung zwischen sich und den Glaubenden im Bild des Wassers: »Wer aber von dem Wasser trinkt, das ich ihm/ihr geben werde, wird niemals mehr Durst haben; vielmehr wird das Wasser, das ich ihm/ihr gebe, in ihm/ihr zur sprudelnden Quelle werden, deren Wasser ewiges Leben schenkt« (Joh 4,14).

◆ Als Jesus in Jerusalem das Laubhüttenfest feiert, eröffnet er den Menschen sein Selbstverständnis mit Hilfe des Wassers: »Wer Durst hat, komme zu mir, und es trinke, wer an mich glaubt. Wie die Schrift sagt: Aus seinem/ihrem Inneren werden Ströme von lebendigem Wasser fließen« (Joh 7,37f).

Die Kirche hat das Symbol des Wasser in der Geschichte und in der Predigt Jesu als den Heiligen Geist interpretiert, der ihn belebt und durch den die belebt werden, die zu ihm gehören. Deshalb ist auch aus der sakramentalen Tradition der Kirche das Wasser nicht wegzudenken, ist es doch seit der ersten Generation der Christusglaubenden das Element, das in der Taufe den Tod des alten und das Leben des neuen

Menschen zugleich anzeigt. Weihwasser als Zeichen der Erinnerung an die Taufe und als Ausdruck der Bereitschaft zur spirituellen Erneuerung findet sich an jedem Kircheneingang und immer wieder im liturgischen Vollzug.

In der Präfation zum Hochfest Johannes des Täufers wird die kirchliche Wassersymbolik auf den Punkt gebracht: »Im Jordan taufte er (Johannes) Christus, der seiner Kirche die Taufe geschenkt hat, so wurde das Wasser zum heiligen Quell ewigen Lebens.«

Ein wunderschönes Wasserbild findet sich im dominikanischen Hymnus *O lumen* zu Ehren des Ordensgründers Dominikus von Caleruega. Er wird gepriesen als einer, dem das Wasser der Weisheit freigiebig, umsonst (*gratis*), als Vorgeschmack, quasi als Aperitif (*propinasti*) auf himmlische Zu- und Umstände gegeben wurde und der daraufhin zum Prediger der Gnade (*gratia*) wurde. Der Text spielt mit dem lateinischen Wörtern *gratis* und *gratia* und mit dem dahinter aufleuchtenden griechischen Wort *charis,* das sich in unserem Wort *Charme* wiederfinden lässt. Und in der Tat: Dominikus muss ein außergewöhnlich charmanter Mann gewesen sein!

Wasser, Leben, Lebendigkeit, Weisheit, Gnade, Charme und Menschenfreundlichkeit – sie passen gut zusammen und stehen Christinnen und Christen gut zu Gesicht!

DIE SAMARITISCHE FRAU AM JAKOBSBRUNNEN SPRICHT MIT TERESA VON AVILA

Frau, ich habe Durst. Gib mir zu trinken. Bitte.

Wer bist du?

Aus Avila. Teresa heiße ich. Wie heißt du?

Namenlos. Dafür interessiert sich niemand.

So? Für was interessieren sich denn die Leute, wenn sie dich treffen?

Sie treffen mich nicht.

Gehst du ihnen aus dem Weg oder sie dir?

Beides.

Warum?

Sieben Männer, da werden sie misstrauisch, besonders die braven Ehefrauen. Ihrer könnte ja der Nächste sein, der sich mit mir einlässt.

Ganz schön, sieben Männer. Eine Menge Arbeit und Erfahrung.

Woher weißt du das? Du siehst nicht aus wie eine mit sieben Männern.

Teresa lacht. Da täuschst du dich aber. Klosterweise hingen sie an mir. Und einige davon ganz besonders hartnäckig. Nicht immer zu meinem Vergnügen.

Das kann ich gut verstehen.

Nicht dass wir uns missverstehen. Freunde, Mitbrüder, Widersacher, Feinde... Liebhaber so wie du habe ich keinen gehabt.

Du erinnerst mich an jemanden. Nicht direkt, eher – anders. So wie du redest. Da gab es eine Geschichte ...

Magst du sie erzählen?

Schon, ja, vielleicht. Aber erst – warte, trink erst. *Die Frau lässt den Eimer in den Brunnen und holt das Wasser herauf, gibt zuerst Teresa die Kelle.*

Nein, trink du zuerst. Du hast einen weiten Weg hinter dir von eurer Stadt hierher an den Brunnen.

Dieser Weg ist weit und der andere auch.

Der andere? Der aus der Geschichte?

Du hörst mehr, als man vermuten soll.

Du doch auch – und damit das Versteckspiel ein Ende hat: Ich kenne dich. Und du weißt das.

Ich ahnte es. Du hast von mir gehört und bist deshalb hierher gekommen. Kein vernünftiger Mensche quält sich nur so in der Mittagshitze an den Jakobsbrunnen. Es kommen nur die, die an diesem Brunnen etwas anderes wollen als die anderen.

Da haben wir etwas, was uns verbindet.

Stimmt, miteinander und mit ihm.

Kein vernünftiger Mensch hast du gesagt. Sagst du das auch von ihm? Ja, auch von ihm. Niemand verlässt mittags die Kühle der Häuser. Niemand fragt als Jude eine samaritische Frau um Wasser. Kein Mann, der etwas auf sich hält, redet mit einer Frau über religiöse Fragen. Er war unvernünftig.

Hat ihn das das Leben gekostet?

Vielleicht. Diese Sorte von Unvernunft, die er hatte, war lebensgefährlich.

Aber nicht nur. Sie hat auch Leben gezeugt.

Stimmt. Er selber war Leben. Aus ihm strömte Leben wie Wasser aus einer lebendigen Quelle. Er schenkte Leben wie lebendiges Wasser. Er weckte Lebensquellen in den anderen – wenn sie es zuließen.

Spürst du das heute noch?

Oh, ja. Jeden Tag, mit jedem Atemzug. Und du?

Lange Zeit spürte ich nichts, gar nichts. Kein Gebet, keine geistliche Anstrengung, kein Flehen half. Jahre lang war ich innerlich wie ausgetrocknet.

Schlimm, auch das kenne ich. Wenn wir Zeit haben, erzählst du mir davon. Auch davon, wie und wann es anders wurde.

Gott sei Dank, dass es anders wurde. Ich hätte nicht mehr lange damit leben können. Aber dann öffnete sich mir der Weg.

Über das Wasser?

Ja, auch über das Wasser. Ich liebte Wasser von klein auf. Es wurde mir zum Zeichen für Gott, für den Weg, den er zu uns nimmt und den wir zu ihm gehen können.

Die Quelle des Gartens bist du, ein Brunnen lebendigen Wassers, Wasser vom Libanon.
Das Hohe Lied – die Liebe der Frau!

Ich gieße Wasser auf dürstende Flur, rieselnde Fluten auf trockenes Erdreich. Auf deine Nachkommen gieße ich meinen Geist, meinen Segen auf deine Kinder.
Jesaja!

Du gleichst dem bewässerten Garten, einer Quelle, die niemals versiegt.
Auch Jesaja!

Du führst mich zum Ruheplatz am Wasser.
Die Psalmen!

Schön, wie du unsere Schriften kennst!
Seinetwegen, meinetwegen, deinetwegen.
Er war so, ist so: das lebendige Wasser, die Quelle im Garten, der Ruheplatz am Wasser, und alle werden so, die zu ihm gehören.
Wenn das so ist – und es ist so! – dann:
Frau, ich habe Durst.
Gib mir zu trinken. Bitte.

Sie trinken.

GEBETE TEXTE LIEDER

song auf dem weg nach jerusalem
So lange sind wir gegangen
in dieselbe die falsche richtung
weg von der stadt unserer hoffnung
die dort noch begraben liegt

Dann haben wir einen getroffen
der teilte mit uns sein brot
der zeigte das neue wasser
hier in der stadt unsrer hoffnung
ich bin das wasser
du bist das wasser
er ist das wasser
sie ist das wasser

Da kehrten wir um und gingen
in die stadt der begrabenen hoffnung
hinauf nach jerusalem

Der mit dem wasser geht mit
der mit dem brot geht mit
wir werden das wasser finden
wir werden das wasser sein

Ich bin das wasser des lebens
du bist das wasser des lebens
wir sind das wasser des lebens
ihr seid das wasser des lebens
wir werden das wasser finden
wir werden das wasser sein
Dorothee Sölle

Antiphona

VI.

O lumen Ecclé - si - æ, Doc-

tor ve-ri-tá- - - tis, Ro - sa pa-ti-én-

ti-æ, E - bur casti - tá - tis, A - quam sa-

pi-énti - æ Propiná-sti gra - tis: Præ-di-cá-tor

grá - ti - æ Nos junge be - á - tis. T. P. Alle-

- - lú - ja.

Fackel der Kirche
Lehrer der Wahrheit
rosengleiche Geduld
elfenbein farbene Keuschheit
Wasser der Weisheit
umsonst zugeströmt:
Prediger der Gnade
zähle uns den Heiligen zu.

Aus tiefen Brunnen schöpfen

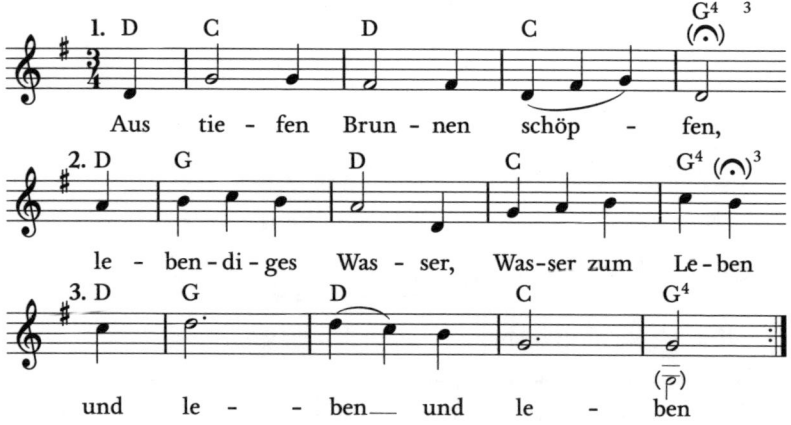

Text: Eugen Eckert
Musik: Torsten Hampel
© HABAKUK, Frankfurt/M; www.habakuk-musik.de

Die Seele ist wie ...

Die Seele ist wie ein Wind,
der über die Kräuter weht.
und wie der Tau, der auf die Gräser träufelt,
und wie die Regenluft, die wachsen macht.
Genauso ströme der Mensch
ein Wohlwollen aus auf alle,
die da Sehnsucht tragen.
Ein Wind sei er, der den Elenden hilft,
ein Tau, indem er die Verlassenen tröstet,
und Regenluft, indem er die Ermatteten aufrichtet.
Mit seiner Lehre mache er die Hungernden satt,
indem er ihnen seine Seele schenkt.

HILDEGARD VON BINGEN

Lobet die Eine

Lobet die Eine
die uns stärkt und tröstet
die nach uns ruft
und treu sich an uns bindet
lasst uns mit Freuden
ihren Namen singen
Gott sei gepriesen

Lobet die Flamme
die auch uns entzündet
leuchtende Weisheit
sprühe Deine Funken
im neuen Licht soll
uns Dein Name glänzen
Gott sei gepriesen

Lobet die Quelle
die auch in uns sprudelt
Wasser des Lebens
lass die Erde grünen
heilendes Strömen
Brunnen aller Liebe
Gott sei gepriesen

CAROLA MOOSBACH

Nach der Gotteslobmelodie GL 671

EIN WASSER-GOTTESDIENST

Wenn Sie einen Wasser-Gottesdienst vorbereiten, überlegen Sie zuerst, was Ihnen wichtig ist. Lesen Sie dazu auch die Überlegungen zum Luft-Gottesdienst. Ein paar Stichwörter:
- den Gottesdienst in einer Gruppe vorbereiten
- ökumenische Ausrichtung überlegen, auch interreligiös mit Frauen der ortsansässigen jüdischen und/oder islamischen Gemeinde(n);
- bei verschiedenen Konfessionen oder Religionen auf Textauswahl achten!
- einen sinnenfälligen Symbolgegenstand wählen, der angemessen ist:
  - der Jahreszeit (Eis im Winter)
  - der Landschaft (Flusslandschaft)
  - einer örtlichen Gegebenheit (Mineralquelle)

- dem biblischen Text (Brunnen)
- dem Feieranlass (z. B. »Einweihung« eines Teiches in einem Kindergarten)
- für jede/von jeder Frau ein Wassergefäß mitbringen (lassen) und in der Mitte auf einem blauen Tuch zusammenstellen;
- sich an einem Wasserprojekt von Misereor oder Missio als Folgewirkung des Gottesdienstes beteiligen;
- an einem Bach/Brunnen/Wasserlauf/Stromufer feiern;
- nach dem Gottesdienst zu einem Wasserlauf gehen und dort ein Fest feiern;
- Schiffchenfahren lassen zum Schuldakt.

Anregungen für einen Wasser-Gottesdienst

Verlauf
Begrüßung
Einführung
Lied/Gebet/Psalm
Wort Gottes
Auslegung
Geste
Fürbitten
Vaterunser
Gebet
Segen
Lied

Begrüßung
Heißen Sie die Anwesenden mit einer Geste willkommen: Am Eingang zu Ihrem Feierort stehen je zwei Frauen mit Wasserschüsseln und Gästehandtüchern. Sie bieten den Mitfeiernden an, ihnen die Hände mit Wasser zu übergießen und abzutrocknen. An heißen Tagen und in einem sehr miteinander vertrauten Kreis kann am Anfang auch eine Fußwaschung stehen. Sehr schön ist es, wenn der Gottesdienst an einem Ort gefeiert wird, wo man barfuß laufen kann.

Einführung (bei einem Gottesdienst, an dem nur Christinnen teilnehmen):
Gott, der Vater, der Schöpfer allen Wassers,
Gott, der Sohn, die Quelle lebendigen Wassers,
Gott, der Geist, wie Wasser ausgegossen in unseren Herzen,
er überströme uns mit seiner Gnade und Liebe.

Lied/Gebet/Psalm

Wort Gottes
Bei einem interreligiösen Gottesdienst suchen Sie Texte aus dem Ersten/Alten Testament, bei einem christlichen Gottesdienst auch aus dem Zweiten/Neuen Testament.

Auslegung

Geste
– Bei einem Tauferneuerungsgottesdienst Besprengung mit Weihwasser;
– bei einem Dankgottesdienst Austeilung von Wasser zum Trinken;
– bei einem Schuldgottesdienst kleine Papierschiffchen und Zettelchen für alle bereithalten, auf die jede/r das schreiben kann, was dem Wasser anvertraut wird; die Schiffchen auf einem Bach- oder Flusslauf aussetzen und warten, bis sie vom Wasser angenommen worden sind; danach ein Lied oder ein Gebet;
– bei einem Einweihungsgottesdienst für ein Wasserbiotop o. ä. Wasserpflanzen oder -tiere ins Wasser freisetzen bzw. einlassen.

Fürbitten
Getragen vom göttlichen Kraftstrom bitten wir Gott:
– Für alle Kinder, die heute das Fruchtwasser ihrer Mütter verlassen und in diese Welt hinein geboren werden, dass sie schön und fruchtbar wie ein bewässerter Garten werden können.
– Für alle, die heute aus Wasser und Heiligem Geist neu geboren werden, dass sie zu lebenssprudelnden Quellen des Geistes werden.

- Für alle, die Verantwortung für gutes Trinkwasser tragen, dass sie Freude an ihrer Arbeit haben und sich unterstützt wissen von denen, für die sie arbeiten.
- Für alle Völker, die unter Wassermangel leiden, dass sie sich solidarisieren und Solidarität erfahren, wenn sie gegen ihre Wassernot ankämpfen.
- Für alle Menschen, die unter der Gewalt des Wassers leiden, dass ihnen geholfen wird, wenn sie durch Wasser in Not geraten.
- Für alle, die unter spiritueller Austrocknung leiden, dass ihnen die Quellen lebendigen Wassers erschlossen werden.
- Für uns, dass wir behutsam mit dem Wasser der Schöpfung und mit geistlichem Wasser umgehen, es nicht vergeuden oder unnötig verschmutzen.

Vaterunser

Gebet

Segen

Mit Wasser gewaschen, mit Wasser gereinigt, mit Wasser getränkt, mit Wasser geschützt, mit Wasser beschenkt sagen wir Dank und bitten um Gottes Segen:
Gott, der über den Wassern schwebte und die Urflut ordnete, segne uns.
Alle: Segne uns.
Gott, der neues Leben aus dem Wasser hebt zur rechten Zeit, segne uns.
Alle: Segne uns.
Gott, der uns überströmt mit seinem Geist, segne uns.
Alle: Segne uns.
Dieser Gott segnet uns und alles, was lebt.

Lied

Gut Freundin mit allen Wassern sein!

Er-Sinn-en Sie sich Wassererfahrungen:

◆ Schmecken Sie Wasser! Wenn Sie gutes *Trinkwasser* haben, holen Sie sich einen Krug oder ein Glas vom Wasserhahn. Wenn das ungewohnt für Sie ist – lassen Sie sich Zeit. Holen Sie sich in Gedanken Unterstützung von anderen kulturellen Gewohnheiten: In Österreich gibt es keinen Kaffee ohne das obligatorische Wasser, in Mittelmeerländern steht eine Wasserkaraffe bei der Mahlzeit auf dem Tisch.

◆ Wählen Sie Gefäße, die Sie zu Ihren *Wasser-trink-gefäßen* machen – schlicht, klar, unzweideutig, so wie reines Wasser, und die Sie Ihren Gästen anbieten als Zeichen Ihrer Wasser-Gastfreundschaft.

◆ Fühlen Sie Wasser! Genießen Sie eine *Dusche* oder ein *Bad*. Bereiten Sie sich und dem Wasser, das Ihnen dient, ein Fest.

◆ Gehen Sie wieder einmal *schwimmen* oder lernen Sie schwimmen! Freuen Sie sich an den vielfältigen und fast mühelosen Bewegungsmöglichkeiten im Wasser.

◆ Wenn Sie Erfahrung damit haben und es mögen, gönnen Sie sich eine *Wasseranwendung* nach Sebastian Kneipp.

◆ Riechen Sie Wasser! Spazieren Sie im Regen, im Nebel!

◆ *Schauen* Sie Wasser! *Hören* Sie Wasser! Wenn Sie eine Quelle wissen, gehen Sie hin, um sich ihr bewusst auszusetzen. Lassen Sie sich in Gedanken auf die Dimensionen dieser Quelle ein: Wo kommt sie her? Wo fließt ihr Wasser hin? Wie schmeckt ihr Wasser? Was können Sie hören? Ihr Rauschen, Raunen, Flüstern, Sprudeln, Quellen, Singen? Wie fühlt sich das Wasser an, das aus ihr strömt? Spüren Sie ihre Kühle, ihr Rieseln? Wie riecht ihre Umgebung? Lassen Sie Ihre Augen auf ihren Bewegungen ruhen. Trinken Sie mit den Augen, damit Ihre Seele satt wird.

◆ Begeben Sie sich auf eine *Wasserentdeckung* im Kleinen: Zuerst füllen Sie eine Eiswürfelschale mit Wasser und lassen es gefrieren. Dann holen Sie die Würfel heraus und geben sie in eine Schüssel.

Experimentieren Sie: Wie fühlt sich ein Eiswürfel an? Wie lange können Sie ihn in der Hand halten, bevor seine Kälte Sie schmerzt? Wie riecht ein Eiswürfel, wie schmeckt er? Halten Sie einen Würfel vor die Flamme einer Kerze, wie leuchtet das Licht durch ihn hindurch? Lassen Sie die Würfel in der Schüssel durcheinander purzeln, wie hört sich das an?

In einem zweiten Schritt geben Sie die Würfel in einen Topf und schmelzen sie auf schwacher Hitze. Schauen Sie genau hin: Wie verflüssigen sich die Eiswürfel? Wie entsteht der Dampf? Auch hier: Wie riecht es? Geben Sie ein paar Tropfen wohlriechendes Öl, Aroma oder Fruchtsaftkonzentrat in den Topf. Riechen Sie noch einmal! Halten Sie sehr kurz und sehr vorsichtig eine Hand in den Dampf. Was spüren Sie? Schauen Sie den Schwaden zu, wie sie aufsteigen, treiben und verwehen. Halten Sie einen Spiegel in den Dampf und schauen Sie zu, wie er niederschlägt. Wie schmeckt das kondensierte Wasser? Wenn Sie das Eis-Wasser-Dampf-Experiment abrunden möchten, lassen Sie nicht alles Wasser verdampfen. Den Rest geben Sie an einen Blumenstock oder dem Kanarienvogel – oder frieren ihn aufs Neue ein!

Ich wünsche mir

Ich wünsche dir

Ich wünsche für die Welt

_____

_____

_____

_____

_____

_____

_____

_____

Mein Wasser-Tagebuch

_____

_____

_____

_____

_____

_____

_____

_____

Hier ist Platz für »Wasser-Fotos«, »Wasser-Bilder« …

LEUCHTEN – DAS FEUER

FEUER ENTDECKEN

»Das Feuer spielt, entfaltet seine Pracht und Magie, es erhöht, reduziert und zerstört, wenn es will. Es entschleiert und macht sichtbar – Stärken und Schwächen. Das Feuer ist eine strenge Lehrerin, und es lehrt mich immer wieder: Umwandlung ist möglich, und diese Metamorphose heißt Leben.«[4] So beschreibt eine Töpferin, Elisabeth Wieser Schiestl, ihre Erfahrung mit dem Feuer, und sie sieht darin auch die Erscheinung des/der »Ganz Anderen«. Das Feuer mit seiner ganzen verwandlerischen Kraft, durch das ich hindurch muss, um neu zu werden. Und diese Erfahrung entspricht dem uralten Erkennen, dass Feuer auch der Erscheinungsort des Göttlichen ist.

Wie kann ich mich der Vielfalt der Bilder nähern, die sich auftun beim Element Feuer? Es gibt Erinnerungsbilder mit der Urerfahrung von Feuer: das erste Zündholz, das vielleicht unter Aufsicht oder heimlich entzündet wurde, Lagerfeuer mit seiner ganzen sinnlichen Fülle – draußen sein, Zeltlager, Nachthimmel, Lieder, Stille, Abenteuer –, aber auch die schmerzliche Erfahrung, sich am Feuer der heißen Herdplatte, an einer Flamme zu verbrennen. Es gibt die Faszination und den Schrecken eines Vulkanausbruchs, wenn das innere Feuer der Erde mit elementarer Macht nach außen drängt.

Wir können abends den Untergang einer glühenden Sonne erleben und am Morgen das Wiedererscheinen des lebensnotwendigen Lichts.

In unserer heutigen modernen westlichen Welt hat sich die Gestalt des Feuers zum Teil verwandelt: elektrisches Licht, Wärme aus den verschiedensten Energiequellen, Verbrennungsmotoren ...

Feuer erfahren wir ambivalent: lebensfördernd und lebensbedrohend, lebenszerstörend.

Als Grundelement des Lebens hat es nicht nur eine sichtbare, offenkundige Rolle im Leben der Menschen; vielmehr wird es von Men-

---

4 Elisabeth Wieser Schiestl, Heidemarie Krolak Itten, Frauenpassion. Leiden und Leidenschaft für das Leben. Braunschweig 1999, 107.

schen aller Zeiten, Kulturen, Religionen mit dem Geheimnis des Lebens in Verbindung gebracht. In drei Dimensionen der Begegnung und Erfahrung möchte ich Sie einladen: Im Feuer kann mir Gott und Göttliches begegnen, es kann mir die Welt begegnen und sogar das Feuer in mir selbst.

1. Im Feuer begegnet uns Gott/Göttliches

Feuer hat himmlischen Ursprung. »Die Elemente wurden immer auch als heilige Urkräfte angesehen, die es zu verehren galt, weil in ihnen die schöpferischen Kräfte wahrgenommen werden konnten. Der unsichtbare Gott ließ sich in diesen elementaren Wirkmächten mindestens ahnen.«[5]

Das, was Feuer in unserer Wahrnehmung ausmacht, kann dann gleichzeitig ein Gewand Gottes werden: verzehrend, erhaben, gewaltig und erschreckend, aber auch belebend, anziehend und erleuchtend. In den verschiedenen Kulturen und Religionen finden sich deshalb auch vielerlei Erscheinungs- und Verehrungsformen von Göttlichem, die mit Feuer zu tun haben.

In unserem Kulturkreis findet sich das Feuer in den germanischen Runen. Die erste Rune, FA, hat den Symbolinhalt Feuer. FA meint das Urfeuer, den Lichtanfang, den Gott als Schöpfer gesetzt hat: Licht, Bewegung, Entwicklung.

Feuer gilt als ein Ursprung der Schöpfung. »Die meisten Kosmogonien beginnen mit der Entstehung der Welt aus den Urelementen Feuer (Himmel) und Wasser (Erde), den beiden gegensätzlichen, aber Leben spendenden Prinzipien.«[6]

Hildegard von Bingen greift im 12. Jahrhundert in der christlichen Tradition ebenfalls das Bild des feurigen Schöpfungsaktes auf: Der Geist über den Wassern ist auch Feuer, der dem starren Wasser durch Erwärmung erst ermöglicht zu fließen.

5   Otto Betz, Des Lebens innere Stimme. Weisheit in Symbolen. Freiburg-Basel-Wien 2001, 79.
6   Waltraud Drexler, Die Kraft der Runen. Mit Runen arbeiten und leben. München 1992, 69

In der jüdisch-christlichen Tradition bietet sich das Bild des Feuers als eine Erscheinungsform Gottes an: Im Alten Testament finden wir den Feuerstrauch, der nicht verbrennt und in dem sich Gott dem Moses offenbart, die Feuersäule, die vor dem Volk Gottes herzieht, das Altarfeuer des Tempels, das die Opfergaben verzehrt. Im Neuen Testament wird von Johannes dem Täufer die Taufe mit Geist und Feuer angekündigt, beim Kohlefeuer des Passionsgeschehens kann Petrus Jesus nicht nachfolgen, und der Geist Gottes weht erleuchtend in den Flammenzungen des Pfingstereignisses.

2. Im Feuer begegnet uns die Welt

Nicht jeder Haushalt in unserer westlichen Welt hat noch eine Feuerstelle im Haus, und wenn dann oft eher als eine Quelle für Atmosphäre. Der zu feuernde Herd, der »Kanonenofen«, das Kohlebügeleisen und die Petroleumlampe sind Gebrauchsgegenstände, die für viele eine nostalgische Qualität haben. Ohne Wärmequellen könnten wir aber – gerade in der kalten Jahreszeit – gar nicht bestehen. Vermittelt spielt Feuer in unserem Alltag eine große Rolle: als Wärme- und Lichtquelle, sogar als Energie, die Kälte für den Kühlschrank und die Gefriertruhe erzeugt. Die Erwärmung der Erdatmosphäre droht uns mit klimatisch bedingten Katastrophen.

Unsere Begegnung mit dem Feuer, gerade in der Form des Funkens, der überspringt, der etwas in Bewegung setzt, ist also so vielfältig wie die Qualitäten des Feuers. Dazu gehört auch die Erfahrung, dass zum Feuer die »Gegenqualitäten« gehören wie Dunkelheit, Finsternis und Kälte. Sie haben zum Teil auch eine ausgleichende oder kontrollierende Wirkung und Aufgabe. Während Luft Feuer nährt, kann Wasser Feuer löschen, Erde und Stein kann Feuer begrenzen.

3. Im Feuer begegne ich mir

»Die Hitzeschübe, die typisch sind für die Wechseljahre, vermitteln meist wirklich das Gefühl, in einem Ofen zu sitzen. Glühende Wellen gehen durch uns hindurch. Ich habe diese Zeit sehr bewusst durchlebt und die Hitze mit großem Erstaunen wahrgenommen, sie sogar manchmal als lustvoll empfunden. Welche Energie wohnt in meinem Körper! Und ich nahm es auch als Chance wahr: als Chance, nochmals vieles in mir verbrennen zu können.«[7] So erzählt die Töpferin Elisabeth Wieser Schiestl.

Mit Fieber während einer Krankheit verbinden wir eine ähnliche Erfahrung: Es wird mit hohem Energieaufwand Schädigendes verbrannt. Der ganze Körper konzentriert sich auf eine Art »Kampf«, und diese Zielgerichtetheit aller Energie wirft uns nieder. Es braucht eine Regenerationsphase, um die dafür investierte Energie wieder aufzubauen. Mit diesem »Verbrennungsvorgang« wird eine Art Wandlung verbunden. Oft wird bei Kindern nach einer Krankheit ein genereller körperlicher und geistiger Entwicklungsschub festgestellt.

Wie zwei verschiedene Flammen eines gemeinsamen Feuers entdecken wir dieses Grundelement in uns auf einer sinnlich-körperlichen wie auf einer geistlich-geistigen Ebene. Im Wesen und Temperament gibt es feurige Menschen, die in sich in betonter Weise feurige Qualitäten bergen. In der klassischen Lehre der Temperamente wird das Feuer der Cholerikerin zugeordnet. Für sie gilt das Auflodern von Emotion, aber auch das Verzehrende der leidenschaftlichen Hingabe für jemanden oder etwas, bis hin zur Opferbereitschaft.

Wie wichtig ist es, wie befreiend oder wie gefährlich ist es, mit allen Emotionen sichtbar zu werden?

Wie viel Erkenntnis und Erfahrung brauchen Sie, dass Ihre Feuer nicht zerstören, sondern leuchten und sichtbar machen: Ihre Liebe, Ihre Begeisterung, Ihre Leidenschaft, aber auch Ihren Zorn?

Wie geht es Ihnen mit den Feuern der anderen: Dürfen sie auflodern oder muss jede aufzüngelnde Flamme erstickt werden, »weil es gefährlich werden könnte«?

Wie geht es Ihnen mit Gott, der feurige Qualitäten hat?

7 Elisabeth Wieser Schiestl, Heidemarie Krolak Itten, Frauenpassion. Leiden und Leidenschaft für das Leben. Braunschweig 1999, 121.

FEUER IST LEBEN

Feuer der Liebe
Glühende Verehrung
Feuer und Flamme sein
Feuereifer
Verzehrende Leidenschaft
Schwelender Zorn
Glühender Schmerz
Durchs Feuer gehen
Feuerprobe
Läuterung
Wer mit dem Feuer spielt
Zwietracht schüren
Öl ins Feuer gießen
Glühende Kohlen aufs Haupt sammeln
Die Zunge verbrennen
Mir geht ein Licht auf
Der zündende Funke
Feuer auf dem Dach
Blitzende Augen
Die Sterne vom Himmel holen
Wie ein Lauffeuer
Brennende Ungeduld
Ein Licht am Horizont

FEUER-FARBE GELB

Die Sonne als die Energiespenderin ist das Fundament für die Bewertung der Farbe Gelb für das Feuer. Licht und Leben verbinden wir zuerst mit der gelben Sonne, bevor wir auch die vernichtende Kraft ihrer Hitze bedenken, was sicher mit daran liegt, dass wir als Mitteleuropäerinnen in einem grünen Klimabereich der Erde leben und im zyklischen Jahreskreis auch die sonnenarme Zeit kennen. Die Sonnenzeit des mitteleuropäischen Sommers ist doch meist mit dem für die Vegetation notwendigen Regen verbunden.

Gelb als Farbe können wir in verschiedenen Nuancen und Bewertungen zu jeder Jahreszeit sehen. Im Frühling verbindet sich das erwärmende Sonnenlicht mit den vielen gelben Blüten: Krokus, Huflattich, Winterling und Zaubernuss als die ersten Frühjahrsboten, Schlüsselblume, Osterglocken, Löwenzahn, Tulpen und Narzissen, Forsythien und Goldregen erfreuen unsere Augen und hellen unsere Stimmung auf. Selbst die Vogelküken der Hühner und Enten tragen die gelbe Frühlingsfarbe. So können wir im Gelb das Erwachen der Natur, die Erwärmung und Erhellung durch die länger werdenden Tage auch in uns selbst spüren. Fast an die Grenze der Aufhellung führt uns das Gelb der Rapsfelder. Da kippt das Gelb ins Grünliche und wird stechend für unsere Augen.

Das Sommergelb ist satter. Die Sonne hat ihre ganze Kraft entwickelt. Im Johannisfeuer leuchtet alle Energie der langen Tage in den nächtlichen Himmel hinein. Wir selbst werden auch sichtbarer und farbiger. Reifende Kornfelder, Johanniskraut, Königskerzen, gelbe Feuerlilien und Ringelblumen spiegeln Sonnenhitze. In der Dämmerung entfaltet sich die Königin der Nacht und bewahrt das Gelb ihrer Blüten durch die Nacht hindurch.

Durch das weltweite Marktnetz kennen wir inzwischen auch viele Südfrüchte, die die Sonnenfarbe in sich speichern: Bananen und Zitronen, Quitten, Ananas, Pfirsiche und Aprikosen. Wenn wir solche Früchte essen – vielleicht sogar dort, wo sie wachsen –, schmecken wir die Reife und die Süße von ganz viel Sonnenenergie, die es nicht überall auf der Erde gibt.

Gelbes Laub und gelb benadelte Lärchen, Stoppelfelder, Kürbisse und Sonnenblumen schenken uns vor dem Winter noch das ganze Leuchten der Sonne. Der Brauch, an Allerheiligen – zumindest in Bayern – gelbe Chrysanthemen aufs Grab zu pflanzen, trägt unsere Sehnsucht nach Licht und Leben auch hin zu unseren Verstorbenen.

Und dann zieht sich Licht und Wärme in die Häuser zurück. Die Martinslaternen geleiten uns mit ihrem Licht in den Winter hinein und in die Zeit der Kerzen und Öfen, bis hin zum Stern von Betlehem.

So begleitet uns Gelb als Lebensfarbe durch das ganze Jahr, in unseren Vorlieben und »Lieblings«-Jahreszeiten auch durch die Lebensphasen.

Aber es gibt auch eine Todesseite dieser Farbe: Gift und Krankheit, Geiz und Neid, Gefahr und Gelb als luziferische Farbe (Höllenfeuer) zeigen die andere Qualität von Gelb.

Sammeln Sie Ihre Eindrücke und Erfahrungen mit Gelb als Lebens- und Todesfarbe. Lassen Sie sich von der offenen Zusammenschau anregen und vervollständigen Sie die Liste für sich persönlich.

Lebensgelb	Todesgelb	Und ...
Sonnenlicht	Schwefelgelber Himmel vor einem Gewitter	Sand, Wüste
Gold	Säure	Warnfarbe
Blumen	Gift	Feuersäule des Vulkans
Kleider	Höllenfeuer	
Wärme	Galle	
Reife	Eiter	Ausdehnung
Fülle	Neid	Erwärmung
Nahrungsmittel Honig, Obst, ...	Falschheit	
Steine Bernstein, Topas	Geiz	
Eigenschaften Vital, anregend, feurig, wärmend, glühend		
Feuer		
Erleuchtung		
Gelbe Gewürze Safran, Kurkuma ...		

DIE BIBEL REDET VOM FEUER

Als die Zeiten hart waren und unsere Väter und Mütter ihre Heimat, ihre Häuser und alles, was sie nicht tragen konnten, verlassen mussten, nahmen die ältesten Frauen aus der großen gemeinsamen Herdstelle Feuer und sagten: »Wir wollen das Feuer verbergen, damit es uns erhalten bleibt.«

Sie versteckten das Feuer in einer Nische im Brunnen. Dann zogen sie in die Verbannung. Ihren Töchtern erzählten sie von der Sehnsucht im Herzen und von dem verborgenen Feuer in der Heimat. Und die Töchter erzählten es wieder ihren Töchtern.

Nach langer Zeit konnten sie wieder zurückkehren in ihre Heimat. Aber es würde alles anders sein, sie würden neu beginnen müssen.

Da erinnerten sich die Frauen an das verborgene Feuer. Sie schickten die Töchter los, es zu suchen. Die kamen zurück mit einigen Händen voll Asche und einigen Kohlestücken. »Das Feuer haben wir nicht mehr gefunden, nur diese Asche und die Kohlestücke.«

Die älteste Frau sagte: »Legt sie hier auf den steinernen Herd, der das Ende der vergangenen Zeit kennt und den Anfang der neuen Zeit sehen wird.« Und die Töchter legten Essensgaben, Kräuterbüschel und die Asche mit den Kohlestücken auf den Steinernen Herd.

So geschah es. Nach einiger Zeit brach die Sonne hervor, die von Wolken verdeckt gewesen war. Da flammte ein großes Feuer auf, und alle staunten.

(Angeregt durch den biblischen Text im Zweiten Buch der Makkabäer 1,19–22)

Wie beim realen Feuer finden wir in den biblischen Bildern die Vielfalt: die kleine Flamme, das Licht in der Dunkelheit bis hin zu großartigen Erscheinungen wie die Feuersäule, den Dornbusch und die Flammenzungen von Pfingsten. Für Gott selbst steht das Bild des Feuers und des Lichts, aber es steht auch für das »brennende« Verlangen nach Erleuchtung oder Entzündet-Werden für Gottes Sache.

»Da brannte ein Dornbusch und verbrannte doch nicht« (Ex 3,2). Gott erscheint im Feuer. Die elementaren Erscheinungen Gottes auf der Erde wollen im Menschen etwas erwecken. Mit dem feurigen Dornbusch beginnt die Begegnungsgeschichte zwischen Gott und Moses. Gott will diesen Menschen entzünden für die Idee der Befreiung, für die Aufgabe der Führung. In der Feuersäule begleitet Gott das Volk in der Nacht durch die Wüste (Ex 13,21f) und als Feuer lässt er sich auf dem Berg Sinai nieder, um Moses die Zehn Gebote zu geben (Ex 19,18). Diese dramatischen Begegnungen mit Gott werden physisch sichtbar bei Moses. Das Gesicht des Moses beginnt so zu strahlen, dass das Volk es nicht erträgt und er sein Gesicht verhüllt (Ex 34,29b-35).

Diese Gottesgeschichte mit Moses bestätigt die »Gefährlichkeit«, sich mit Gott einzulassen. Sich entzünden lassen, dieses Feuer zu suchen, hat Konsequenzen.

Strahlen Sie manchmal? Weil Sie glücklich sind, weil Sie beschenkt wurden? Wissen Sie etwas über Ihre Ausstrahlung? Was bringt Sie zum Strahlen?

Kennen Sie noch den alten Schlager: »Warum strahlen heut' nacht die Sterne so hell? Die Luft ist so mild, mein Herz schlägt so schnell? Ich sag dir, nur weil du bei mir bist!« Wie schön, wenn wir das von unseren geliebten Menschen und von Gott singen können.

Im Neuen Testament wird Jesus im Lukas-Evangelium von Johannes als »Feuriger« angekündigt. Jesus wird nach der johanneischen Wassertaufe mit Heiligem Geist und Feuer taufen (Lk 3,16). Wenn wir dem Heiligen Geist das Element der Luft zusprechen, potenziert sich das feurige Bild der Taufe noch: Luft nährt das Feuer, Wind entfacht es weiter!

Dieses Bild findet eine Antwort bei den Emmausjüngern: »Brannte uns nicht das Herz in der Brust, als er unterwegs mit uns redete und uns den Sinn der Schrift erschloss?« (Lk 24,32) Vielleicht dürfen wir uns vorstellen, dass nach dem Tod Jesu die Hoffnung weiterglimmt. Jesus entfacht selbst das Feuer neu, das er als Same, als kleine Flamme zu Erdzeiten in die Menschen gelegt hatte.

Mit dem Pfingstereignis bekommen alle, die mit ihm gingen, die Ermutigung und Bestärkung: Für etwas Feuer und Flamme zu sein, hat nichts mit Bedächtigkeit und Vorsicht zu tun, sondern mit der luftigen Schwester Begeisterung.

Das Bild des verbrennenden Feuers finden wir auch in der Verkündigung Jesu: Das »Unkraut« wird bei der Ernte gebündelt und ins Feuer geworfen (Mt 13,30; 13,40-42). Höllenfeuer in der alten Vorstellung ist für uns heute kein stimmiges Bild mehr. Aber Feuer ist nichts Nettes, es verzehrt, entfacht, läutert, verbrennt. Und ein Feuer löschen hat auch mit dem Bild des Auslöschens zu tun. Wenn Feuer also an der falschen Stelle brennt und gelöscht werden muss, findet auch im Löschen Vernichtung statt.

Feuer fordert also unseren Respekt und birgt in sich den Funken der Faszination und der Gefährdung.

Durch beide Teile der Bibel zieht sich die »Licht- und Leuchtspur des Feuers. Leuchten heißt sichtbar werden:

Männer und Frauen treten mit ihrer Glaubensgeschichte aus dem Zug der Heilsgeschichte heraus und zeigen sich uns. Was wir von ihnen erfahren, sind Erfahrungen mit Licht und Schatten.

FEUERFRAU LUZIA

Die Nacht vor dem 13. Dezember galt früher bis zur Einführung des gregorianischen Kalenders im 16. Jahrhundert als die längste Nacht, die Wintersonnenwende: Sankt Luzia stützt den Tag und macht die längste Nacht.

Licht und Dunkel gehören in der Gestalt der Luzia ganz eng zusammmen, obwohl im Brauchtum der »Lichtträgerin« in Schweden eher die »Glänzende« sichtbar wird.

Ihre überlieferte Lebensgeschichte erzählt:

Luzia lebte in Syrakus im 3./4.Jahrhundert. Zusammen mit ihrer Mutter bekehrte sie sich zum christlichen Glauben. Sie gab ihr Vermögen den Armen und entschied sich, um ihres Glaubens willen nicht zu heiraten und Jungfrau zu bleiben. Ihr Verlobter konnte diese Entscheidung nicht ertragen: Seine Liebe verwandelte sich in Hass. Er zeigte sie beim römischen Präfekten als Christin an.

Die Legende berichtet weiter, dass sie in ein Dirnenhaus gebracht werden sollte, um sie zu demütigen. Aber keine Kraft bewegte sie von der Stelle. Feuer und siedendes Öl konnten ihr nichts anhaben. Sie wurde schließlich durch das Schwert getötet.

Im kirchlichen Heiligenkalender wurde zur längsten Nacht eine heilige Frau gestellt, die Jesus als Licht erkannte und deren Namen sich von lux = Licht ableitet.

Im mitteleuropäischen Raum beginnen mit dem 13. Dezember die heiligen Nächte. Aus der vorchristlichen Zeit blieb die Furcht vor nächtlichen Dämonen übrig, die diese dunkelste Zeit nutzen, um die Menschen zu drangsalieren.

Eine dunkle vorweihnachtliche dämonische Gestalt mit Messer und Sichel bewegte sich unter verschiedensten Namen und grausigen Verhaltensweisen durch diese Nacht. Die dunkle schwarze Luz gehörte wahrscheinlich zu den alten germanischen Göttinnen, die in sich beides verkörperten: Tod und Leben, Zerstörung und Fruchtbarkeit, Dunkel der Nacht und Licht des Tages.

In der Lichtträgerin Luzia und in der schwarzen Luz (in der heutigen negativen Deutung) wird die Einheit von Licht und Dunkel getrennt. Konnten sich die alten germanischen Bräuche – wenn auch sehr verkürzt und entstellt – deshalb so lange parallel halten, weil die Menschen unbewusst begriffen, dass das Licht nicht ohne Dunkelheit zu bekommen ist, dass der Tod zum Leben gehört, die Nacht zum Tag?

Luzia entschied sich, den Tod als Märtyrerin zu riskieren und zu erleiden, um das neu gefundene Leben im Licht des christlichen Glaubens nicht aufgeben zu müssen.

Das Bild der Feuerfrau Luzia (vor dem Feuergottesdienst) ist ein Licht- und Schattenbild: »Zum Dank dafür, dass die Sonne sie bescheint, werfen die Dinge Schatten.« (anonym)

Sie können das Bild von der dunklen Seite oder von der erleuchteten Seite her betrachten: Schreiben Sie auf, was Sie gerade an Dunklem sehen oder erleben, vielleicht auch, was für Sie Dunkelheit bedeutet – Nacht, Schlaf, Ruhe, Geborgenheit oder Nacht, Schatten, Verdunkelung, Furcht.

Dasselbe können Sie mit der hellen Seite tun. Was bedeutet Ihnen Licht? Wo erleben Sie Lichtes? Bedeutet Ihnen Licht Tag, Sonne, Erleuchtung oder Tag, Enthüllung, Bloßstellung?

Die Feuerfrau auf dem Bild schaut nach oben und hält ein Licht, eine Flamme in den Händen, die die dunkle und die helle Seite verbindet. Betrachten Sie auch dieses Licht.

Gebet
Mit der heiligen Luzia beten wir zu dir,
lebendiger Gott,
Licht und Finsternis gehören in deine Schöpfung.
Schenke uns dein Licht und erleuchte uns wie Luzia:
Dass wir Lichtträgerinnen sind in der Dunkelheit!
Dass wir unsere dunklen Seiten im Licht deiner Liebe
nicht fürchten müssen!
Dass dein Wort uns Licht sei auf unseren Wegen!
Amen.

Feuerpsalm

Lobe den Gott, meine Seele!
Du bist mit dem Glanz deiner Schöpfungskraft bekleidet.
Du hüllst dich in Licht wie in ein Kleid,
du spannst den Himmel aus wie ein Zelt.
Dein Wort schuf das Licht und die Finsternis
und die Erde entstand.
Feuer schenktest du den Menschen des Anfangs,
Wärme und Licht.
Feuer wurde den Menschen zum Krieg und zur Katastrophe,
wo sie deine Wege verließen.
Du wohnst im Feuer des Dornbuschs:
Wo du stehst, ist heiliger Boden!
Die Feuersäule wurde deinem Volk
zum Zeichen der Befreiung und
zum Zeichen deiner göttlichen Gegenwart.
Menschen schenkst du die Gabe der Leidenschaft:
In ihren Herzen brennt das Feuer der Liebe.
Wie eine Flamme verzehren sie sich
in der Hingabe an das Gute.
Die Herdfeuer wurden zum Ort der
Gemeinschaft und Gastfreundschaft.
Das Altarfeuer wurde zum Zeichen
deiner Sehnsucht nach den Menschen
und der Sehnsucht der Menschen nach dir.
Deinen feurigen Geist sendest du,
damit alles neu werde,
heute und ewig.

Schneepsalm

Heute nenne ich Dich Schnee,
Du unerschöpflicher Schöpfer
vergänglicher Sternkristalle, der die nackten Äcker bekleidet,
den Wanderer weglos macht
und die ärmlichste Hütten
füllt mit Geborgenheit und Einkehr.

Schwebender Du, der den Bäumen Last wird,
der die tapferen Krähen auswirft
in die Stille und die Tiere
aus den Wäldern den Menschen nahe bringt,
der die Hilflosen hilfloser macht
und die Hilfsbereiten bereiter.

Lautloser, der das Vertraute entfremdet,
wird uns deine Fülle begraben,
werden Flüche das Lob ersticken?
Morgen vielleicht schon wird uns Dein Weiß
blenden und Du beginnst zu tauen.
Herrlicher! Dann nenn ich Dich Sonne.

CHRISTINE BUSTA

Gottflamme Du Schöne

Auflodernde Liebesglut Ewige
Dein Glanz unzerstörbar Du Einzige
hast mich berührt mich beim Namen gerufen
das Feuer entzündet in Brand gesetzt bin ich
und schreibe und schreie und singe für Dich
meine Lichtkönigin mit glühenden Wortfunken
will ich dich preisen und bitten und klagen
Du Ehrfurchtgebietende
flammende Schönheit Du schmilzt jedes Auge
verbrenne mich nicht Gott
sei nah mir und ferne ich will Dich umkreisen
und ahne und spüre Dich liebe Dich Gott
zu meinem Heil und zu deiner Ehre

CAROLA MOOSBACH

Gottkreise

In steter Bewegung suchst Du uns
im ewigen Rhythmus atmest Du uns
in wirbelnden Kreisen umfängst Du uns
Gott

In sorgender Liebe vermisst Du uns
als schimmernde Sterne umwirbst Du uns
zu Worten und Taten rufst Du uns
Gott
Du treibende lockende fordernde
Du lodernde wärmende stärkende Kraft

CAROLA MOOSBACH

Und ein neuer Morgen

1. Herr, du bist die Hoff - nung, wo
Lie - be ver - dorrt,___ auf stei-ni-gem Grund
wach-se in mir, sei kei-men-der Sa -
- me, sei sich - e - er Ort,___ treib
Knos-pen und blü - he in mir.___

Und ein neu - er Mor - gen bricht auf die - ser
Hal - te mich ge - bor - gen fest in dei - ner

Er - de an, in ei - nem neu - en Tag,
star - ken an, in ei - nem neu - en Tag,

blü-he in mir.___ Hand und seg-ne mich,
bren-ne in mir.___

seg - ne mich und dei - ne Er - de.

2. Herr, du bist die Güte, wo Liebe zerbricht,
in kalter Zeit, atme in mir,
sei zündender Funke, sei wärmendes Licht,
sei Flamme und brenne in mir.
Und ein neuer Morgen bricht auf dieser Erde an,
in einem neuen Tag, brenne in mir.
Halte mich geborgen, fest in deiner starken Hand
und segne mich, segne mich und deine Erde.

Aus: Lied vom Licht
Text & Musik: Gregor Linßen
© 1989 Edition GL, Neuss

Erleuchte und bewege uns

Text: Friedrich Karl Barth
Musik: Peter Janssens
Aus: Und der Brunnen ist tief, 1987
Alle Rechte im Peter Janssens Musik Verlag, Telgte-Westfalen

EIN FEUER-GOTTESDIENST

Dieser Gottesdienst ist als Abendgottesdienst gedacht. Je nach dem, ob Sie diesen Gottesdienst für sich allein oder in einer Gruppe feiern, bereiten Sie sich vor. Sie brauchen einen für Sie angenehmen Ort. Je nach Jahreszeit kann es draußen oder drinnen sein. Der Ort und die Zeit werden auch den Charakter bestimmen: Das Feuer des Sommers ist anders als die Flamme des Winters.

Sie brauchen Platz für Kerzen, Leuchter, Teelichter. Sie bestimmen, ob diesem Gottesdienst eher eine besondere Kerze oder viele Lichter entsprechen. Wenn Sie zusammen mit anderen feiern, kann auch jede Frau ihre eigene Kerze mitbringen.

Vielleicht haben Sie im Sommer auch Lust auf ein richtiges Feuer in einer Feuerstelle oder einer großen Eisenschale.
Evtl. Stift(e) zum Schreiben.

Anregungen für einen Feuer-Gottesdienst

Verlauf
Gebet zum Beginn und Entzünden der Lichter/des Feuers
Kurze Stille
Text zur Betrachtung
Bewegung
Austausch
Lied
Segensgebet und Segen

Gebet zum Beginn und Entzünden der Lichter/des Feuers
(kann auch mehrmals gesprochen werden)

Im Licht kommst du mir nahe,
erleuchtest Geist und Sinn,
erleuchtest auch tief drinnen
mein Herz und wer ich bin.

Kurze Stille zum Innewerden und Schauen

Text zur Betrachtung
Feuertext von Hildegard von Bingen

Ich, die höchste und feurige Kraft,
habe jedweden Funken von Leben entzündet.
Ich, das feurige Leben göttlicher Wesenheit,
zünde hin über die Schönheiten der Fluren,
ich leuchte in den Gewässern
und brenne in Sonne, Mond und Sternen.
Und so ruhe ich in aller Wirklichkeit verborgen

als feurige Kraft.
Alles brennt so durch mich,
wie der Atem den Menschen unablässig bewegt,
gleich der windbewegten Flamme im Feuer.

Bewegung
Stehen Sie auf und nehmen Sie das Licht in die Hand und bewegen Sie
sich durch Ihre Räume. Sprechen Sie laut den Satz oder das Bild, das
Ihnen nahe kam.
In der Gruppe können Sie ähnlich verfahren.
Wenn Sie möchten, können Sie diesen Satz oder das Bild auch aufschreiben.

Stille
Das Licht und das Feuer zu sich nach innen nehmen:
Wo ersehne ich mehr Klarheit?
Wo bin ich gerade dankbar für Licht?
Wo wünsche ich mir mehr Feuer und Antrieb?

Lied
Erleuchte und bewege uns

Segenszuspruch
Sei gesegnet, in dir ist Licht.
Sei gesegnet, in dir ist das Feuer der Liebe.
Sei gesegnet, in dir leuchtet der Geist Gottes.

Verweilen Sie bei den Lichtern.
Schön ist es, wenn jede ihr Licht brennend mitnehmen kann.

MEINE SINNE WECKEN – FEUER

Licht und Schatten

Es ist gut, sich diese Übung erst ganz durchzulesen und alles vorzubereiten. Insgesamt kann diese Übung eine halbe Stunde dauern, aber es ist gut, auf den eigenen Zeitrhythmus zu achten.

Suchen Sie sich am Abend oder in der Dämmerung im Raum einen Platz mit der Möglichkeit, auf einem Tisch ein Licht anzuzünden.

- Ich zünde das Licht an und setze mich so, dass ich das Licht betrachten kann.
- Ich achte auf meine Sitzhaltung: Kontakt der Füße zum Boden, Spüren der Sitzfläche und eventuell der Rückenlehne. Ich sitze aufrecht, aber entspannt. Beim Ausatmen sich erden lassen, beim Einatmen sich aufrichten lassen.
- Ich wende mich dem Licht zu: Lichtes kommen lassen. Lichtes ansprechen.
- Ich wende mich dem Schatten zu (ich drehe mich mit meinem Stuhl oder Hocker so, dass ich das Licht im Rücken habe): Dunkles kommen lassen. Dunkles ansprechen.
- Ich nähere mich dem Schatten (ich stehe auf und bestimme selbst das Tempo der Annäherung): den Schatten »umarmen«.
- Ich wende mich noch einmal dem Licht zu. Ich finde einen Abschluss. Das kann ein kurzes Gebet sein, ein Satz zu Licht und Schatten, den ich mir noch einmal bewusst mache, ein Dank oder eine Bitte[8] – zum Beispiel:

Wechselnde Pfade, Schatten und Licht, alles ist Gnade,
fürchte dich nicht. Amen.
(Baltischer Hausspruch)

---

8 Angeregt durch eine Übung von P. Alex Lefrank, Frankfurt

Ich danke dir in jedem Licht für das Licht der Schöpfung,
mit dem du einst das Chaos geordnet hast.
Ich bitte dich in jedem Schatten,
dass die Dunkelheit mich nicht beherrscht.

Feuer

Wenn Sie die Möglichkeit haben, setzen Sie sich vor ein offenes Feuer –
ein Lagerfeuer im Garten, nach dem Grillen einfach noch ein paar
Holzscheite brennen lassen, vor dem Schürofen und für kurze Zeit die
Ofentür offen lassen. Machen Sie nichts anderes als schauen und
spüren: die Lebendigkeit der Flammen, wie sie das Holz erfassen, das
Glosen der brennenden Holzscheite, die Hitze im Gesicht ... Riechen
Sie auch den Duft von einem Holzfeuer!

Lassen Sie, wenn es Ihnen möglich ist, das Feuer ausglühen. Es ist
erstaunlich, wie lange sich die Glut in der Asche hält!

Hitze

Seien Sie aufmerksam für sich selbst und Ihre Hitze, Ihre Feurigkeit
und wie Sie damit umgehen. Das fängt bei den roten Backen an, wie
Sie schwitzen, wann es Ihnen innerlich warm wird.

Spüren Sie, was Feuer und Hitze in Ihnen bewirkt.

Feuerfarben

Sammeln Sie die vielen Nuancen des Feuers: In diesem Buch haben
wir die Farben zugeordnet und uns bei »leuchten« für Gelb entschie-
den, aber da gibt es ja viel mehr ...

Wo entdecken Sie Feuer in Ihrem Alltagsleben? Kommt es in seiner
direkten Form überhaupt vor? Wo entdecken Sie es »vermittelt«?

Leuchten

Wir sprechen vom grauen Alltag. Alltag ist »alle Tage« außer den Fest-
und Krisenzeiten. Es lohnt sich also wirklich, diesem größten Teil unserer Zeit besondere Aufmerksamkeit zu schenken.

Wenn Sie sich gerade in einer »grauen« Alltagszeit befinden, versuchen Sie doch, am Abend genauer hin zu schauen: Was hat heraus geleuchtet? Was hat mich zum Leuchten gebracht? Wo konnte ich etwas zum Leuchten bringen?

Besondere Zeiten mit Licht feiern

– Lichter anzünden, um den Sonntag zu begrüßen
– Osterfeuer
– Pfingstfeuer
– Eine Kerze bei Gewitter
– Lichter der Erinnerung
– Lichter der Solidarität

Verschwendung

Eine der schönsten Arten, verschwenderisch mit Licht und Feuer umzugehen, ist das Feuerwerk.

An Silvester kann es schön sein, sich mit anderen auf einige sehr schöne Feuerwerkskörper zu einigen und diese in ihrer Schönheit zu genießen. Inzwischen gibt es auch thematische und biblische Feuerwerke mit Texten und Musik.

Erinnern Sie sich auch noch gerne an die Sternwerfer in der Weihnachtszeit?

Nacht

Es ist heute einfacher, Licht zu erleben als Dunkelheit. Manchmal gelingt es im Urlaub, auf Berghütten, in kleinen Orten, die Dunkelheit der Nacht in ihrer Tiefe wahrzunehmen.

Eine Nachtwanderung mit Fackeln verbindet Licht und Dunkelheit.

Musik-Tanz-Bild

– Finden Sie Feuermusik und Feuerlieder.
– Tanzen Sie zu feuriger Musik, entdecken Sie Feuertänze.
– Inspirieren Sie Ihre eigene Feurigkeit durch Feuerbilder.

Und noch einmal Licht und Schatten

Das könnte in der Familie oder mit einer vertrauten Gruppe (Kinder und Erwachsene!) viel Freude machen:

Alle legen sich im Kreis mit den Köpfen nach innen. In die Mitte wird – möglichst stabil – eine Taschenlampe mit dem Strahl nach oben gestellt. Jetzt können gemeinsame Schattenspiele mit den Händen entstehen.

Ich wünsche mir

Ich wünsche dir

Ich wünsche für die Welt

_____

_____

_____

_____

_____

_____

_____

_____

Mein Feuertagebuch

_____

_____

_____

_____

_____

_____

_____

_____

_____

WACHSEN – DIE ERDE

ERDE ENTDECKEN

Aus Erde bin ich gemacht
Aus Schlamm und Dreck
Aus Blut und Wasser
Gern wär ich ein Vogel
Aus Federn Papier und dünnen Knochen
Nicht nass und blutig

Aus Erde sind wir gemacht
Doch sehr mobil und trennbar
Verbringend die Tage
In Flughäfen und Autos
Gern wär ich ein Vogel
Der ich einst war
Leicht und vergesslich

Gott und die Erde haben Gedächtnis
Sie lassen sich nicht teilen
Beliebig verbringen
In andere Länder
Gern wär ich ein Vogel
Schmerzlos flög ich in dich
Mein immer dunklerer Himmel

Aber aus Erde sind wir
Aus Schmerz

DOROTHEE SÖLLE

Aus Erde gemacht: Unsere biblische Schöpfungserzählung (Gen 2,4b-7)
bindet uns als Menschen ganz fest an die Erde, auf der wir leben. Lehm,
Ackerboden wird das Grundmaterial für die Existenz des Menschen.

Gott bläst den Lebensatem ein und »der Mensch wurde zu einem lebendigen Wesen«.

Diese ursprüngliche Verbundenheit mit dem Element Erde kann an Lebenswenden sichtbar werden. Neugeborene wurden in eine Erdkuhle gelegt, der Mutterkuchen wird an einer Stelle im Garten vergraben und ein Baum darauf gepflanzt. Brot und Wein als Früchte der Erde und der menschlichen Arbeit werden zum Zeichen der größten Zuwendung Gottes für uns. In unserem Kulturraum wird der Leichnam meistens in die Erde gelegt.

»Der Mensch kann leben, weil er aus der Erde kommt, von der Mutter Erde geboren ist und zu ihr zurückkehrt.«[9]

Diese tiefe Verbundenheit ist gleichzeitig auch eine Verwiesenheit. Wir sind abhängig in unserer Existenz von der Lebendigkeit der Erde als Planet. »Gern wäre ich ein Vogel« ist die menschliche Sehnsucht, diese Verwiesenheit zu vergessen, leicht-sinnig zu werden. Dorothee Sölle benennt in ihrem Gedicht die »Trennungsversuche«. Aber nach jedem »Aus-Flug« kehren wir zurück.

Die Erde selbst ist nicht auf uns angewiesen. Sie ist uns als Geschenk anvertraut, als lebendiges und von uns unabhängiges Geschenk. Die Lebendigkeit der Erde ist für uns heute nicht personalisiert als Gottheit, die für oder gegen uns ist. Die Lebendigkeit der Erde geschieht in ihrer Fruchtbarkeit und Furchtbarkeit: der verlässliche Rhythmus der Vegetation und die Erdbewegungen durch Erdbeben, durch Vulkanausbrüche, durch Steinlawinen.

Wie wir uns in diese Bewegung – beständig und lebendig – einbinden, macht unsere Überlebenschancen aus – ein Auftrag.

Gerade in unserem Klimabereich erleben wir das Wunder der fruchtbaren und immer wieder erneuernden Erde sehr deutlich durch die Jahreszeiten. Aus der Brache und Ruhe des Winters bricht im Frühling die Erde auf und lässt alles ergrünen – immer wieder. Dieses Immer-wieder zu erleben täuscht freilich nicht darüber weg, dass die Erde in ihrer Lebenskraft endlich ist.

---

9 Aus: Hubertus Halbfas, Religionsunterricht in der Grundschule, LehrerInnen-Handbuch 4, Düsseldorf 2. Auflage 1989, 111ff.

Der anbaufähige Boden verringert sich: Wüsten breiten sich aus durch Trockenheit und Überweidung. In anderen Regionen versumpft die Erde, Waldrodungen im großen Stil führen zu Erde- und Humusverlust. Erde verschwindet durch Versiegelung: Städte, Straßen, wachsende Industriegebiete bedecken die Erde mit Beton und Teer. Erdboden kann in vielen Gebieten nicht mehr »nachwachsen«.

Fruchtbarkeit ist kein natürliches Geschehen mehr, sondern eine Frage des Bedarfs und der Leistung. Die Erde muss immer mehr hergeben. Schädlingsbekämpfungsmittel, die Vernichtung natürlicher Schädlingsvertilger, das Auftauchen neuer Schädlinge, Dünger, Fungizide bringen Gleichgewichte aus dem Lot, vergiften zuerst die Erde und dann die Menschen, die auf ihr arbeiten und die Produkte verzehren. Saurer Regen, Streusalz, das Zuviel an mineralischen Düngern, Industrieemissionen lagern sich im Boden ab. Schwermetalle bauen sich nicht oder nur sehr schwer ab und geraten in den Vegetations- und Ernährungskreislauf.

Die Erde ist unser Fundament. Bodenhaftung und Erdung sind Qualitäten des Vertrauens, der Solidität. Unsere Sehnsucht »Gern wär ich ein Vogel« ist vom Geist genährt, der in uns weht, und findet ihre Grenze in der Notwendigkeit der Wurzeln: Wurzeln und Flügel, Baum und Vogel.

Erde in uns

Von der Typologie wird der erdhaften Frau Realitätssinn zugesprochen. Sie kann die Erde bebauen, ihre Fruchtbarkeit nutzen, mit den Schätzen der Erde etwas anfangen. Dies ist nicht ausschließlich landwirtschaftlich gemeint!

Sie fühlt, wenn Ideen und Entwürfe versponnen, überhitzt oder formlos sind, wenn ihnen die Erdhaftigkeit fehlt. Sie lebt sinnenhaft.[10]

Förderlich für diesen Erdensinn kann Verlangsamung sein: Im Gehen, Schauen, Riechen und Hören wird Erde erfahrbar.

---

10 Siehe Bruno Moser, Bilder, Zeichen und Gebärden. Die Welt der Symbole, München 1986.

Eine besondere Weise, diese Verbundenheit zu feiern, ist der Tanz: den Boden berühren, sich vom Boden lösen, stampfen und hüpfen im Rhythmus.

Joan Marler, Journalistin und Tanzpädagogin in den USA, greift das Bild des Tanzens unter der Dorflinde auf als die Erfahrung und die Feier der Erdgebundenheit. Kreis, Spirale und Zickzackmuster beziehen sich auf die Rhythmen der Erde. In unserer Zeit der Individualisierung kann der Tanz in der Gemeinschaft einen wertvollen Ausgleich bieten. In der Konzentration auf die gemeinsame Bewegung entsteht eine Atmosphäre von Vitalität, Lebenskraft.

Zu diesem Gedanken passt auch der griechische Mythos von Antaios, dem Sohn der Erdgöttin Gaia. Er war so bärenstark, dass es im Kampf niemand mit ihm aufnehmen konnte. Waren seine Kräfte verausgabt, warf er sich auf die Erde und bekam von seiner Mutter wieder neue Kräfte zugeführt. Besiegt wurde er, weil ein Gegner schließlich von seiner Verbundenheit mit der Kraft der Erde wusste und ihn hoch hob, um ihn von dieser Quelle der Kraft zu trennen.

Können Sie sich in Antaios wiedererkennen? Belebt Sie ein Gang durch den Garten, vielleicht auch barfuß? Haben Sie im Frühjahr manchmal die Sehnsucht, sich in eine Wiese zu legen und in den Himmel zu schauen? Tun Sie's!

Ist heimkommen nach einer Reise auch das wieder ankommen in der vertrauten Landschaft? Erleben Sie es als wohltuend, mit bequemen Schuhen auf federndem Waldboden zu gehen? Sind Sie als Kind in Schlammpfützen getreten, bis der nasse Boden zwischen den Zehen hervorquillt? Wie ist es für Sie, in die Erde zu greifen?

Und dann werden wir wie Antaios vom Erdengrund hochgehoben oder stemmen uns selbst weg. Erleben Sie Ihre familiären und landschaftlichen Wurzeln manchmal als lästig, behindernd? Wurden Ihnen solche Wurzeln schon gekappt? Wie geht es Ihnen, wenn Sie in der Stadt wohnen? Wo sind Orte der Erdung? Gehen über Pflaster, Beton, Teer – was brauchen Sie und ihre Füße? Den Boden unter den Füßen verlieren – wo und wann passiert das?

Wir entfernen uns von der Erdkraft: Wir schaffen Abstand zum Boden durch Hochhäuser, indem wir fahren statt laufen, fliegen statt fahren. Bodenhaftung und Bodenständigkeit sind manchmal belächelte

Eigenschaften, die mit ländlichen Menschen und gesundem Menschenverstand gekoppelt werden. Gleichzeitig steckt in dieser Bodenständigkeit die Bereitschaft, den Boden ernst zu nehmen, die Schwerkraft des Menschen nicht zu leugnen. Die geforderte Mobilität des modernen Menschen zeigt langsam auch die Schattenseiten: Keinen festen Ausgangspunkt zu haben, führt zur Unfähigkeit, Krisen und Konflikten standzuhalten. Das gilt für den Alltag, für Freundschaften und für die Arbeit.

Wie viele Wurzeln brauchen Sie für einen guten Stand?

Wie viel Beweglichkeit brauchen Sie für eine gute Lebendigkeit, für Wachstum – innerlich und äußerlich?

Erde und Gott

»Die Göttin ist die Verkörperung der Mutter Erde, aber auch der Berge, Vulkane, Flüsse, Wüsten und anderer geologischer Formationen.«[11] Höhlen und Berge waren in verschiedenen Kulturen in besonderer Weise mit Göttinnen verbunden worden. Die Muttergöttin war häufig auch die Herrin über Jahreszeiten und Elemente. Frau Holle aus den Grimmschen Märchen zeigt noch Spuren dieser göttlichen Zuständigkeit: Frau Holle wird mit den verschiedenen Elementen des Wetters verbunden: »Kämmt sie ihr Haar, scheint die Sonne, schüttelt sie ihre Federdecke aus, fällt Schnee, an ihrem Waschtag regnet es.«[12]

In unserem jüdisch-christlichen Glauben ist Gott nicht identisch mit der Erde. Er ist Schöpfer und Ursprung.

Im Alten Testament ist die Erde der Ort, wo Gott den Menschen begegnet, mit ihnen geht. »Leg deine Schuhe ab; denn der Ort, wo du stehst, ist heiliger Boden« (Ex 3,5).

Gott lässt kein irdisches Element aus, um mit den Menschen zu kommunizieren. Die Sterne am Himmel und der Sand am Meer sind Bilder der Verheißung an Abraham, der ihn dazu führt, seine Heimat, seine Landschaft zu verlassen, um an einem unbekannten Ort Fuß zu fassen.

Moses begegnet Gott an den verschiedensten Orten, herausragend auf dem Berg Sinai. Gott führt in die Wüste, lässt Wasser aus dem Felsen hervorkommen und er führt in ein Land, wo Milch und Honig fließen.

Im Neuen Testament begibt sich Gott in die Erdengeschichte. Jesus geht auf der Erde, er wählt immer wieder Bilder der Erde, was auf ihr wächst, er selbst wird das Weizenkorn, der kleine Same, der in die Erde fallen muss, um aufzugehen, Frucht zu bringen.

Erde und Geschichte

Die Erde bewahrt in ihren Schichten Geschichte. Die Geologie und die Archäologie gewinnen aus den Erdschichten Erkenntnisse der Erdgeschichte und der Menschheitsgeschichte. Die großen Erdbewegungen, aus denen Gebirge entstanden sind, lassen sich an den Faltungen und offen gelegten Schichten sehen. Vergangene Epochen sind von der Erde zugedeckt und bewahrt worden. Wenn in alten Stadtzentren in die Tiefe gebaut wird, enthüllt sich plötzlich Geschichte in Gewölben, Gräbern und Gegenständen.

Und in den Schichtungen entsteht Neues, wenn Sie an Kohle, Erdöl und Erdgas denken, in denen uns uraltes Leben – gepresst, verdichtet, gewandelt – Energie schenkt.

ERDE IST LEBEN

Sind Ihnen inzwischen schon eigene Bilder und Qualitäten von Erde in den Sinn gekommen?
Diese Bilder zu sammeln kann eine Liebeserklärung werden an diesen Planeten oder ein Mahnwort.

Liebeserklärung an den Planeten Erde

Erde ist zartes Grün auf dem Ackerboden im Frühling.
Erde ist der Damm, der hält.
Erde ist Erdbeere, Erdnuss, Erdapfel.
Erde ist Fläche, Senke und Erhebung.
Erde ist Humus.
Erde ist der vergrabene Schatz.
Erde ist

Mahnwort für den Planeten Erde

Erde ist Abgrund.
Erde ist Chaos.
Erde ist Erosion, Erdbeben, Erdrutsch.
Erde ist erschöpft.
Erde ist Loch.
Erde ist Opfer.
Erde ist unberechenbar.
Erde ist verschlingend.
Erde ist

ERDEN-FARBE BRAUN

Erde selbst zeigt uns braun in großer Vielfalt. Denken Sie an die vielen Farbtöne in anderen Ländern und zu Hause bei Spaziergängen, in der verarbeiteten Form der Ziegel an unverputzten Häusern und auf Dächern: von der Sonne ausgebleicht und trocken, fast gelb getönt oder vom Regen und der Feuchte nass-dunkel.

Die Farbpalette des Erdenbraun geht vom Gelb der sandigen Erde über rote Tonerde bis hin zum Grau der vulkanischen Erde und dem Schwarz im Moor und Torf. Aus dem Wasserfarbkasten in der Schulzeit sind uns Ocker, gebranntes Siena und Umbra vertraut. Englischrot, Caput mortuum und Sepia sind weitere Namen, die die Vielfalt der Brauntöne beschreiben. Wenn Gestein, Kiesel und Sand noch dazukommen, füllt sich die Farbpalette der Erde sogar über die Brauntöne hinaus. Edelsteine wie Tigerauge, Karneol oder Bernstein sind die braunen Schätze der Erde, bis hin zum Gold.

Die Nähe zu Rot gibt dem Braun Vitalität, wenn auch in einer gemäßigteren Form. In der kabbalistischen Tradition des Judentums ist Rot die Farbe des Nordens, des Blutes und des Menschen. Norden ist der Ort der Füße und der Erde (der Süden ist der Ort des Hauptes, des Himmels). An den Wortwurzeln im Jüdischen lässt sich diese symbolische Verbundenheit auch erkennen: Rot = a-d-m, Blut = d-m, Erde = a-d-m; Mensch = adam/a-d-m.

Wo zeigt sich uns die Erdenfarbe? Vor allem im Herbst, im wieder sichtbar werdenden Boden auf den Feldern. Rotbraune Herbstastern, Kartoffeln, Bucheckern, Eicheln, Kastanien, Nüsse sind der Nachweis für die unendliche Fruchtbarkeit der Erde.

Verblühendes, Verrottendes, braunes Laub, die aufgeworfenen Erdschollen zeigen eine andere Qualität der Erdenfarbe Braun: Braun ist auch die Farbe von Vergänglichkeit und Lebenskreislauf. Kot und Dung – auch braun – fügen sich als Produkte des Ernährungskreislaufs wieder in den größeren Kreislauf ein. Vernünftig auf die Felder ausgebracht wird dieser »Abfall« zum Fördermittel für den nächsten

Vegetationszyklus, unsere Gemüse- und Gartenabfälle verwandeln sich in Kompost und bewirken Fruchtbarkeit.

Die Fruchtbarkeit des Erdbodens zeigt sich noch auf andere Weise: Aus Erde werden Ziegel, Töpfereien, Farben. Menschen tauschen die Sicherheit einer Höhle gegen Mauern und ein Dach. Die erdhaften Baumaterialien betonen die Körperlichkeit, die Kraft von Braun.

Sammeln Sie, wo Sie die Farbe Braun fruchtbar oder unfruchtbar erleben.

Fruchtbares Braun	Unfruchtbares Braun	Und ...
Besondere Nahrungsmittel	Vertrocknete Früchte	Tiere mit Fell
Honig, Tee, Kaffee, Schokolade, Bier		
Naturhaft, wild, widerständig, standhaft	Stur, unflexibel, verharrend	Haarfarben Hautfarben
Ackerbau	Grablege	
Dünger Erotik »das schwarz- braune Mädchen« aus Volksliedern	Dreck, Schmutz Entsagung	frei gewählte Armut
Wärmepol Fruchtbarkeit	Kältepol Harte, entblößte Erde, Verrottendes	
	Braun als Teufelsfarbe Braun als die Farbe des Nationalsozialismus »Blut und Boden«	

Braun ist auch die Farbe der Einfachheit. Früher war ungefärbte Kleidung aus brauner Wolle. Das war die Kleidung der Armen, der einfachen Menschen und der franziskanischen Ordensmänner und -frauen.

Heute ist Braun als Kleidungsfarbe eher modeabhängig, steht aber auch für edle Einfachheit oder schlichte Eleganz, die sich im verwendeten Material ausdrückt: Kaschmir- und Kamelhaarwolle, feines Leder.[13]

Haben Sie Lust, Erdfarbe auszuprobieren?

Sammeln Sie in Ihrer Umgebung oder im Urlaub Erde mit verschiedenen Tönungen, lehmhaltige Erde ist besser als sandige Erde. Lassen Sie die Erde auf Zeitungspapier trocknen.

Die trockene Erde füllen Sie in eine feste Plastiktüte und zermahlen die Erde mit einem Nudelholz.

Schütten Sie die feine Erde noch durch ein Sieb, damit Sie die feinsten Partikel gewinnen können.

Tröpfchenweise mit Wasser vermischen, bis es eine pastöse Farbe wird.

Ihrer Experimentierfreude sind keine Grenzen gesetzt: Sie können versuchen, diese Erdfarben noch mit anderen Färbungen zu verändern, z. B. Heidel- oder Holunderbeersaft. Haltbarer werden Bilder, wenn sie fixiert werden, Sie können die Erde aber auch mit etwas Kleister vermischen.

---

13 Viele Anregungen aus: Ingrid Riedel, Farben. In Religion, Gesellschaft, Kunst und Psychotherapie. Stuttgart 5. Auflage 1986, 143-153.

DIE BIBEL REDET VON DER ERDE

Am Anfang schuf Gott Himmel und Erde. Ob wir den Anfang »realistisch« in der Entstehung des Planeten Erde sehen wollen oder ob wir uns von dem älteren Schöpfungsbericht Genesis 2,4ff berühren lassen, in dem wir selbst aus Erde gemacht werden: Wir sind von der Erde.

Sie ist uns Wohn- und Lebensraum, sie ist der Boden, auf dem sich alles Lebendige bewegt. Im Alten Testament wandern die Menschen durch vertraute Landstriche oder brechen auf wie Abraham und Sarah oder wie Moses, Aaron und Mirjam mit dem befreiten Volk in verheißenes Land.

Gott kommt nahe in Begegnungen auf der Erde: Immer wieder schickt er Boten – Engel – auf die Erde und in die Zeit, um Menschen zu Neuem zu bewegen.

Gott ist ein Gegenüber für die Erde und alles, was auf ihr ist und lebt. Die Formeln »bis in die Tiefen der Erde« oder »alle Völker/Reiche/Herrscher der Erde« oder »bis an die Enden der Erde« bestätigen immer wieder den Anspruch Gottes, für die ganze Erde »zuständig« zu sein. Während es in unserer Vorstellung und im biblischen Bilderschatz durchaus möglich ist, zu sagen: »Gott ist wie der Lufthauch, wie eine Quelle oder Er ist im Feuer«, werden wir diese Vorstellung für Gott und Erde nicht finden. Erde ist Geschöpf und Gott ist Schöpfer.

Nach dem Schöpfungsakt ist eine der markantesten Begegnungen zwischen Erde und Gott das Bündnis nach der Sintflut. Gott überflutet die Erde, die verdorben wurde durch Gewalttaten. Alles wird vernichtet bis auf die Arche, eine kleine hölzerne Welt auf der Wasserflut.

Wind trocknet schließlich die Erde und das Opferfeuer Noahs und seiner Familie versöhnt Gott: Die Erde soll nicht mehr vernichtet werden, selbst wenn die Menschen wieder so verdorben wären.

»Ich will die Erde wegen des Menschen nicht noch einmal verfluchen … Solange die Erde besteht, sollen nicht aufhören Aussaat und Ernte, Kälte und Hitze, Sommer und Winter, Tag und Nacht« (Genesis 8,21b.22).

Gott hatte noch einmal elementar ins Erdgeschehen eingegriffen – in dieser Weise, und das sagt dieser Bund – das letzte Mal. Sein Geschöpf Erde wird *von ihm* nicht zerstört werden.

Wie verstehen Sie dieses Bündnis für uns Menschen heute? Welche Folgen hat dieses Bündnis? Für die Erde? Für uns Erdenbewohnerinnen und -bewohner?

Eine weitere Begegnung zwischen Gott und der Erde sind die Wege seines Volkes. Gott geht mit Abraham und Sarah, mit Isaak und Rebekka. Er geht mit Josef bis nach Ägypten und mit Moses, Aaron und Mirjam, mit Josua wieder zurück ins verheißene Land, mit David bis Jerusalem.

Gott nimmt Wohnung bei den Menschen im Tempel, der unter Salomo gebaut wird. Bis dahin war er vor allem ein Mitgehender.

Ist »der Himmel auf Erden« eine Erfahrung für Sie? Wie irdisch gegenwärtig ist Gott für Sie – eher unterwegs oder an bestimmten Orten? Denken Sie an Kirchen, die etwas von dieser »Einwohnung Gottes auf Erden« ausstrahlen?

Die Einwohnung Gottes auf Erden findet ihren Höhepunkt im Neuen Testament. Am Anfang, am Ende und am Anfang des Lebens Jesu steht die elementare Erfahrung mit Erde. Gott wird Mensch, wird irdisch. Die Geburt des Kindes im Stall oder in einer Höhle, ganz nah dem Erdboden ist die Botschaft Gottes für uns. So nahe will Gott uns werden, dass er eintaucht in die Erdenschwere der kleinen Leute.

In den Evangelien sind es viele Wege, die Jesus zu Fuß geht, Gleichnisse aus der Natur und Landwirtschaft, die er erzählt, die immer wieder die Erdennähe und Erdenliebe bestätigen. Die Erde ist der Ort seiner Verkündigung, der Auseinandersetzungen und der Ort von Tod und Leben. Jesu Tod und seine Bestattung in der Grabhöhle (»hinabgestiegen in das Reich des Todes« heißt es im Glaubensbekenntnis) und dann das leere Grab schließen diesen Erdenbogen.

Ein eindrückliches Erdengleichnis finden Sie beim Evangelisten Markus im vierten Kapitel. Der Samen fällt auf verschiedenen Boden und bringt entsprechend keine, wenig oder viel Frucht.

Wer gärtnert, kann viel mit dem Bild der Böden anfangen. Wo etwas wachsen soll, wo etwas viel Frucht bringen soll, braucht es Vorbereitung: Erde kann gejätet, umgegraben, gelockert, gedüngt, befeuchtet werden. Dann hat der Samen gute Startbedingungen. Wenn Samen daneben fällt:

Stein – da geht nichts.

Unvorbereiteter Boden – ein bisschen was geht immer.

Überraschungen - bestimmter Samen braucht eben mageren Boden.

Lassen Sie sich von diesem Gleichnis erden! Welche verschiedenen Böden gibt es in Ihrem Lebensgarten? Erinnern Sie gute und schlechte Jahre der Vorbereitung und Bearbeitung? Wie geht es Ihnen mit steinigem Boden in Ihrem Garten? Wenn der Samen in diesem Gleichnis das Wort Gottes ist, gibt es für Sie Wortsamen, die besonders gut aufgingen? Die in Ihrem Boden besonders gute Frucht brachten?

ERDENFRAU EVA

Die Erde stellt sich vor

Ich bin Milliarden Jahre alt und um die 6000 Billionen Tonnen schwer.
Mein Körperumfang um den Äquator beträgt ca. 40 000 km.

Fast drei Viertel meiner Oberfläche sind mit Wasser bedeckt, 360
Millionen km²: Ozeane, kleine Meere, Ströme, Flüsse, Bäche, Seen,
Teiche, Tümpel, Sümpfe, Pfützen, Rinnsale.

Ihnen fallen noch andere Wassergestalten ein? Sie sammeln Namen
der Gewässer, in denen Sie geschwommen sind, auf denen Sie gefahren
wurden, die Sie vom Ufer aus bewundert haben, die Sie im Atlas entdeckt haben?

Die 150 Millionen km² Boden, die als Festland auf mir sichtbar werden, sind ganz vielgestaltig: Wüsten, Steppen, Weiden, Wald, Gebirgs-
züge, Schluchten, Vulkane, Ebenen, Dörfer und Städte, Kloster- und
Tempelanlagen, Straßen- und Eisenbahnnetze, Industriegebiete, Na-
turschutzgebiete, Moore, Parkanlagen, Sportplätze, Gärten, Spielplät-
ze, Friedhöfe.

Sie bedenken Ihren Wohnort, was es da für verschiedene Gewänder
der Erde gibt? Sie waren schon ganz woanders, wo die Erde sich ganz
anders zeigt? Sie bewerten die Gewänder nach Schönheit, Faszination,
Nützlichkeit – für wen?

Ich habe vieles an mir, das von ganz einfacher Schönheit ist, aber ich
trage auch einige extravagante Teile:

Ich habe einen höchsten Berg Mount Everest, einen längsten Fluss
Nil, eine größte Meerestiefe Marianengraben, eine größte Wüste Sa-
hara, eine tiefste Schlucht Colca-Canon, eine längste Höhle Mam-
moth-Flint Ridge, einen heißesten Ort Al Aziziyah und einen kältes-
ten Ort Wostok, einen regenreichsten Ort Mount Waialeale und einen
trockensten Ort Atacama-Wüste.

Erinnern Sie Plätze, die Sie als die schönsten bezeichnen würden.
Gibt es geheime Orte, heilige Plätze, die Sie mit Diskretion und Liebe
schützen?

Ich gelte als beständig, als fester Grund. Aber das sieht nur für ein Menschenleben so aus. Ich habe meine Gestalt immer wieder verändert. In mir ist viel Bewegung.

Meine äußerste Haut – Erdkruste – scheint starr. Aber sie ist ja so dünn: 20 000 bis 40 000 m unterhalb meiner Kontinente und nur 6000 bis 15 000 m unterhalb meiner Ozeane beginnt der Erdmantel. Und ein Teil des Erdmantels, der meinen Kern umschließt, ist schon fließend. Die Kontinente waren schon einmal ein Ganzes, bevor sich diese Platte zerteilte und auseinander driftete. Ich bewege mich in viel größeren Zeitschritten, als dass ein Mensch es spüren könnte. Nur die schnellen Bewegungen des Bebens, das schnelle Fließen aus den Vulkanen und heißen Quellen zeigt mich den Menschen von meiner urlebendigen Art.[14]

Bin ich – Erde – Ihnen schon auf extreme Weise begegnet? Im Erdrutsch, im Erdbeben, in der Trockenheit?

»Und immer noch wartet die Erde,
ob die Menschheit ein Geschenk sei oder ein Fluch.
Zitternd.
Hast du je ein Geschenk gegeben und es später bereut?
Die Erde grübelt und wartet.
Denn das Geschenk ist Fleisch geworden
und wohnt überall unter uns,
und wir neigen dazu, es nicht zu kennen.
Und wir behandeln es nicht wie eine Begabung,
sondern als ein Objekt,
das wir benutzen, missbrauchen, niedertreten – ja kreuzigen.
Jenen aber, die das Geschenk mit Ehrfurcht empfangen,
ist alles verheißen.
Alle werden sie Kinder des Geschenkes heißen,
Söhne und Töchter der Gnade.
Durch alle Generationen.«[15]

14 Informationen, geographische Namen und Zahlen aus Microsoft Encarta Weltatlas und Ron Fisher, Das Terra-Paket. Ars Edition München 1996 (deutsche Ausgabe).
15 Matthew Fox, Schöpfungsspiritualität. Heilung und Befreiung für die erste Welt. Stuttgart 1993, 17f.

Eva stellt sich vor

Sie kennen mich. Ganz am Anfang in der Bibel stehe ich als Frau von Adam, dem ersten Menschen (Gen 2,21-24).

Wie Gottesmänner im Laufe der Geschichte mit mir umgegangen sind, das ist keine Erfolgsgeschichte. »Die Frau ist schuld – und die Schlange«, so heißt es immer wieder.

Der Anfang der Geschichte war so vielversprechend. Wir zwei, Mann und Frau, Erdengeschöpfe mit dem Atem Gottes in uns. Im anderen Schöpfungsbericht heißt es sogar, dass wir als Mann und Frau Abbild Gottes sind (Gen 1,27).

Eigentlich fängt die Geschichte mit der Schlange ja ganz wo anders an. Denn was sich die Menschen als Anfang vorstellten, wurde erst später – zur Zeit Salomos - aufgeschrieben. Meine Geschichte als Eva hat ihre Wurzeln vielleicht in meiner ursprünglichen Heimat Ägypten. Dort ist die Schlange kein böses, hinterhältiges Tier, sondern wird verehrt als Tier der Weisheit. Weisheit hat mit Wissen und Erfahrung zu tun. Was kann also verkehrt daran sein, mehr wissen zu wollen?

Salomo pflegte viel Kontakt mit den Nachbarländern und bestätigte das durch die Heirat mit mir, einer ägyptischen Pharaonentochter. Dass in Israel der reine Glaube an Jahwe verteidigt wurde, brachte mir die Rolle der sündigen Eva ein und allen Frauen nach mir den Ruf des »schwachen Weibes«.[16]

Ich bin in der Bibel die erste Erdenfrau. Meine Verbundenheit mit der Erde ist keine Schwäche und mir fehlt es auch nicht an der Verbundenheit mit dem Himmel:

Lassen Sie sich nicht klein machen, wo Sie groß sind!

Wenn es noch nicht tief in Ihnen verwurzelt ist, sagen Sie es sich immer wieder – noch besser ist es, wenn es ein geliebter Mensch zu Ihnen sagt – dass Sie Abbild Gottes sind.

Nehmen Sie einen Standpunkt ein auf der Erde!

Vielleicht entdecken Sie mich und sich auch in dem Bild der Säfrau.

---

16 Manfred Görg, Pharaos Tochter in Jerusalem? Oder Adams Schuld und Evas Unschuld? In: Bamberger Universitätszeitung Jahrgang IV, Juni 1983, 4-7.

Sämann

Der große Sämann,
ungerufen,
blies einen Atem von Blumensamen über mich hin
und streute eine Saat
von Kornblumen und rotem Mohn
in meine Weizenfelder.

Das leuchtende Unkraut,
mächtiger Sämann,
wie trenn ich es je
von den Ähren,
ohne die Felder
zu roden?

HILDE DOMIN

Zu deiner Ehre geschaffen, geformt und gemacht.
Du bist mir zugetan mit ganzer Kraft.
Lass mich erkennen,
wohin deine Kraft mich führt.
Lass mich umhüllt von dir
weitergehen.

Ich hoffte auf dich.
Da neigtest du dich mir zu
und hörtest mein Schreien.
Du zogst mich an dich.
Du stellst mich auf den Fels und machst fest meine Schritte.

NACH PSALM 40

Erdenpsalm

Gehe ich über die Erde,
sehe ich dein Angesicht.
Du zeigst mir deine unendliche Treue
im festen Boden, der mich trägt.
Leben schenkst du, das keimend aus der Erde sprießt,
jedes Samenkorn Anfang einer weiteren Schöpfungsgeschichte.
Vergangenes Leben birgst du in diesem dunklen
mütterlichen Schoß Erde –
Anfang und Ende und Anfang.

Du willst, dass ich deine verschwenderische Liebe
schaue, rieche, schmecke, spüre und höre.
Du gibst den Bund nicht auf, den regenbogenfarbenen:
dass ich Hüterin dieser Erde werde.

Cézanne

Bei ihm lernten
Felsen und Bäume
durchsichtig sein

Hügel
aus Äther
unwiderruflich

Grüne Essenz
Grün
in blauer Haut

Der Umriß
die Helle innen:
Stoff ohne Schwerkraft

ROSE AUSLÄNDER

Wenn ich mit offenen Augen betrachte,
was du, mein Gott, geschaffen hast,
besitze ich hier schon den Himmel.

Ruhig sammle ich im Schoß
Rosen und Lilien und alles Grün,
während ich deine Werke preise.

Dir schreibe ich meine Werke zu.
Freude entspringt der Traurigkeit,
und die Freude macht glücklich.

HILDEGARD VON BINGEN

Dass Himmel und Erde dir blühen

Text: Kurt Rose 1990, Melodie: Herbert Beuerle 1990

Rechte: Verlag Singende Gemeinde, Wuppertal

Gottes Erde, Land für alle

1. Got-tes Er - de, Land für al - le, gleich ver-
teil - ter Le - bens - raum, Frei-las-sung von Mensch und
Tie - ren, Frei-las - sung von Wald und Baum.
Mee-re, Flüs - se at-men tief durch mit der
gan - zen Pflan - zen - welt, ü - ber

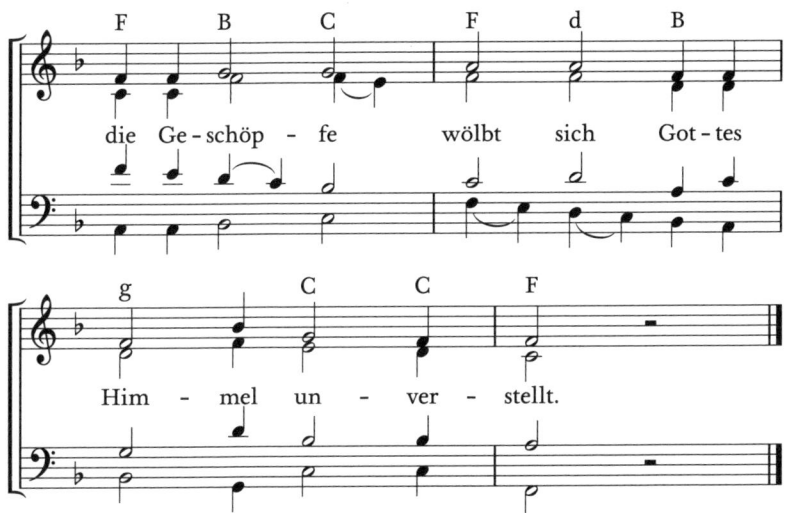

die Ge - schöp - fe wölbt sich Got - tes Him - mel un - ver - stellt.

2. Gottes Liebe, Haus für alle,
   wo die Angst kein Zimmer hat;
   an den reich gedeckten Tischen
   werden die Bewohner satt.
   Nicht in Herren und in Knechte
   scheidet sich das Fest im Saal,
   Sprachen mischen sich und Farben,
   gleiche Menschen stärkt das Mahl.

3. Gottes Aufstand, Weg ins Leben,
   Hoffnung bricht die Ohnmacht auf.
   Unrecht wird nicht Unrecht bleiben,
   Unheil nicht der Zeiten Lauf.
   Ganz parteilich mit den Kleinen
   zieht Gott aus der Sklaverei
   und, beseelt vom Geist der Liebe,
   leben Gottes Menschen frei.

Text: Eugen Eckert; Musik: Peter Janssens
Aus: Wann wird es Recht und Frieden regnen, 1991
Alle Rechte im Peter Janssens Musik Verlag, Telgte, Westfalen

Wir preisen dich, Gott, du umfassende Kraft

Wir prei - sen dich, Gott du um - fas - sen-de
Kraft. Ge - setz du des Wan - dels der
Ster - ne im All, der Weis - heit in al - lem, was
leuch - tet und lebt, du Geist in den Din - gen der
Er - de. Wir prei - sen dich, Va - ter und
Mut - ter der Welt.

Text: Jörg Zink; Melodie: Hans-Jürgen Hufeisen

EIN ERDEN-GOTTESDIENST

Morgenlob

Eine Schale mit Sand oder Erde und vier Kerzen, Zündhölzer. Eine leere Tonschale.

Orientieren Sie sich, wie der Raum von Himmelsrichtungen her angelegt ist.

Das »Gebet im Stehen« ist hier in Ich-Form geschrieben. Sie können es für eine Gruppe genauso verwenden, wenn alle gemeinsam sprechen. Wenn einzelne Frauen die vier Texte vortragen, bietet es sich an, die Texte in Wir-Form zu sprechen.

Anregungen für einen Erden-Gottesdienst

Verlauf
Kreuzzeichen
Lied
Gebet im Stehen mit Liedruf
Lied
Biblischer Text
Stille
Geste (Tonschale)
Vaterunser oder persönliches Gebet
Segensgebet und Segen
Lied mit Tanz

Kreuzzeichen
Im Namen des Schöpfers,
Im Namen Jesu, unseres Bruders
Im Namen der lebensschaffenden Geistkraft
Amen.

Lied
»Öffne meine Ohren, Heiliger Geist«

Gebet im Stehen
Die Hände können als Schale oder weit geöffnet gehalten werden.

Ich schaue nach Norden,
Schattenerde und Eisland, Kühle und Dunkel.
Ich danke dir für Schatten und Kühle,
für die Schönheit der Eiskristalle,
für die Ruhe in der Dunkelheit.
Wende dich mir zu,
wenn menschliche Kälte mich frieren lässt,
wenn mir mein Blick verdunkelt wird.

Liedruf: »Wende dich mir zu, erbarme dich, erbarme dich«

Ich schaue nach Westen,
Grünland und Waldland, in Faltungen geworfen.
Ich danke dir für die Fruchtbarkeit befeuchteter Erde,
für die Schönheit grüner Landschaft,
für die Ruhe des Waldes.
Wende dich mir zu,
wenn Ausbeutung der Erde mir den Atem nimmt,
wenn Asphalt das Grün verschwinden macht.

Liedruf: »Wende dich mir zu, erbarme dich, erbarme dich«

Ich schaue nach Osten,
Zweistromland und Steppe, Dach der Welt.
Ich danke dir für das Land Saras und Abrahams,
für die faszinierende Schönheit höchster Berggipfel,
für die Ruhe östlicher Geistlichkeit.
Wende dich mir zu,
wenn mir Heimat und Wurzeln verloren gehen,
wenn ich mich nicht in der Stille aushalte.

Liedruf: »Wende dich mir zu, erbarme dich, erbarme dich«

Ich schaue nach Süden,
Feuerland und Wiege der Sonne, Wüste und Oase.
Ich danke dir für die wärmende Kraft der Sonne,
für die Schönheit von Farben im Sonnenlicht,
für die Gelassenheit in südlichem Rhythmus.
Wende dich mir zu,
wenn ich in Wüstenzeiten eine Oase brauche,
wenn ich meinen Lebensrhythmus wieder neu finden muss.

Liedruf: »Wende dich mir zu, erbarme ich, erbarme dich«

Lied
»Gottes Erde, Land für alle«

Biblischer Text

Wir verkünden nämlich nicht uns selbst, sondern Jesus Christus, uns aber als Diener und Dienerinnen um Jesu willen.

Denn Gott, der gesprochen: Aus Finsternis werde Licht – erstrahlt ist er in unseren Herzen; auf dass aufleuchte die Erkenntnis des göttlichen Glanzes Gottes im Angesicht Jesu, des Messias.

Diesen Schatz tragen wir in irdenen Gefäßen; so wird deutlich, dass der Kraftüberschwang Gottes ist und nicht aus uns.

(2 Kor 4,5-7 – orientiert an der Übersetzung nach Fridolin Stier)

Stille

Geste
Wenn Sie dieses Morgenlob allein feiern, nehmen Sie für die Stille die Tonschale in die Hände. Verweilen Sie bei dem Bild, das Ihnen nahe ist: der Schatz, göttlicher Glanz, Angesicht Jesu, unser irdenes Gefäß ...
In einer Gruppe kann die Stille so lange gehalten werden, bis die Tonschale – in aller Ruhe – durch alle Hände gewandert ist.

Vaterunser oder ein persönliches Gebet

Segensgebet
Lebendiger Gott, du hast uns Menschen an diese Erde gebunden. Du willst, dass wir in Weisheit in der Schöpfung leben.
Segne mich (uns) für diesen Tag, dass ich in meinem Denken, Reden und Tun fest geerdet stehe, ergrüne und Früchte bringe.
So segne mich
Gott du Barmherziger und Lebendiger,
Vater, Sohn und Geist.
Amen.

Lied mit Tanz
»Dass Himmel und Erde dir blühen«

Dass Erde und Himmel dir/mir blühen
Den rechten Arm nach oben, den linken Arm nach unten.
Nach rechts gehen.

Dass Freude sei größer
Beide Arme nach oben strecken mit geöffneten Händen und nach innen gehen.

als Mühen
Arme sinken lassen, den Kopf beugen und nach außen gehen.

dass Zeit auch für Wunder, für Wunder dir/mir bleib
Mit seitlich gestreckten Armen und nach oben geöffneten Händen sich langsam einmal um sich selbst (in der Gruppe nach rechts drehen).

und Frieden für Seele
Nach innen schauen und die Arme über der Brust kreuzen (»sich einsammeln«).

und Leib
Arme seitlich fallen lassen, gut dastehen.

MEINE SINNE WECKEN – ERDE

Vom Großen ...

Suchen Sie sich immer wieder Wege, wo Sie auf Erde gehen können – auch barfuß. Das ist der eigene Garten oder weicher Waldboden oder der heiße Sand am Meer.

Wählen Sie bewusst Ihre Art, auf der Erde zu gehen: schlendern, rennen, joggen, gehen, klettern ...

Besuchen Sie das Innere der Erde. Es gibt vielfältige Möglichkeiten, etwas vom Inneren der Erde zu sehen. In Schluchten können Sie Schichtungen und Faltungen aus vergangenen Jahrtausenden entdecken, aufgelassene Minen, die besucht werden dürfen, Stollen in Salzbergwerken ermöglichen schon tiefere Erdbesuche.

Höhlen haben noch einen anderen Charakter. Sie waren in vergangenen Zeiten auch heilige Orte, z. B. der Einführung in neue Lebensphasen. Sie können sich von der Feuchte, der Kühle oder Wärme, vielleicht sogar von den uralten Spuren an den Wänden an ihre eigene Erdgebundenheit er-innern lassen. In manchen Gebieten gibt es auch Höhlen, die nicht so tief liegen und durch Spalten Licht von der Erdoberfläche erhalten. Licht und Dunkel, innen und außen werden erfahrbar.

In alten Kirchen können Sie in die Krypta hinuntersteigen. Oft sind es die Grablegen von Adeligen oder Kirchenmännern und -frauen. Die oft gedrungeneren Säulen, der ältere »ursprüngliche« Baustil, das Unter-der-Erde-Sein, ist wie ein Gang ins Erdinnere – von Menschenhand ermöglicht.

... zum Kleinen

Schenken Sie den verschiedenen Erdqualitäten Aufmerksamkeit – daheim oder wenn Sie auf Reisen sind. Sie entdecken ganz polare Qualitäten. Sand und Stein stehen für trocken, Lehm und Ton für feucht und formbar, Humus im Wald ist feucht und krümelig zu gleich ...

Wie geht es Ihnen, wenn Sie Erde anfassen? Wie gehen Sie mit Erde um? Pflanzen Sie etwas. Beobachten Sie übers Jahr, was der Erdboden in Ihrer Umgebung gibt. Welche Pflanzen lieben Sie besonders? Sie können auch auf die Suche gehen, ob Sie in Ihrer Umgebung formbare Tonerde finden können. Getöpfertes aus »wildem« Ton hat einen ganz eigenen Reiz.

Wer lebt in der Erde? Legen Sie sich auf den Boden und schauen Sie! Verbinden Sie bestimmte Tiere mehr mit dem Element Erde? Für Hildegard von Bingen war es zum Beispiel der Bär/die Bärin.

Riechen Sie Erde! Nach einem Regen, im Wald, der Schlicker eines ausgelassenen Fischweihers, eine warme Heuwiese ...

... zum Spiel

Sie können mit der Schwerkraft, mit der Erdanziehung spielen. Wollen Sie in einem Fesselballon mitfliegen? Reizt es Sie, Fallschirm zu springen? Klettern Sie extrem? Wenn diese Art des Spiels mit der Schwerkraft zu aufregend ist, springen Sie auf einem Trampolin in die Luft, tanzen Sie beschwingt und erleben Sie die Momente, wo Sie den Boden nicht berühren! Setzen Sie sich auf eine Schaukel!

Und bis zum Boden hinunter

Sich zur Erde werfen, sich mit dem Angesicht bis zur Erde verneigen: Im Alten Testament wird das von Menschen immer wieder getan (Gen 18,2; 19,1; 24,52; Ex 34,8). In den biblischen Texten sind die Motive für diese Haltung, Erschrecken, Verehrung, Liebe, Unterwerfung.

Es entspricht heute nicht mehr unserem Verständnis von gegenseitigem Respekt, sich so zu verbeugen, schon gar nicht vor Menschen.

Ich möchte Sie dennoch ermutigen, es für sich auszuprobieren, ob es eine Gebetshaltung sein könnte, sich auf dem Erdboden auszustrecken. Gott will Sie aufrecht und nicht geduckt und verbogen. Aber ich kann mich Gott auch zeigen, wenn ich »im Staub liege« oder wenn ich mich nur noch ausstrecken kann. »Bis zum Boden hinunter« hat die Qualität der Erdung, wohl immer mit der Sehnsucht, dass eine oder einer sagt: »Steh auf.«

Ich wünsche mir

_____

_____

_____

_____

_____

_____

_____

Ich wünsche dir

_____

_____

_____

_____

_____

_____

_____

Ich wünsche für die Welt

Mein Erde-Tagebuch

TEXTNACHWEIS

S. 21: Erhard Domay, in: der gottesdienst. Liturgische Texte in gerechter Sprache. Die Psalmen. Hg. von Erhard Domay und Hanna Köhler. Gütersloher Verlagshaus, Gütersloh 1998

S. 22: Anton Rotzetter, aus: Anton Rotzetter, Gott, der mich atmen lässt, © Verlag Herder, Freiburg 17. Auflage 2002

S. 23: Anton Rotzetter, aus: Anton Rotzetter, Gott, der mich atmen lässt, © Verlag Herder, Freiburg 17. Auflage 2002

S. 25: An den Heiligen Geist, aus: Feuer – Erde – Wasser – Luft, in: Elisabeth Böpple, Liturgie zum Jahresthema, Katholischer Deutscher Frauenbund, Diözesanverband Würzburg 1998, S. 2

S. 26: Christiane Hoffmann in: Feministische Predigtreihe, hrsg. von Sabine Bäuerle und Elisabeth Müller, Frankfurt/Berlin 1996-1997, S. 204

S. 43: © by Vera-Sabine Winkler

S. 46: Christa Peikert-Flaspöhler, aus: Christa Peikert, Heut singe ich ein anderes Lied. Frauen brechen ihr Schweigen, rex verlag, Luzern (1992)

S. 47: Anton Rotzetter, aus: Anton Rotzetter, Gott, der mich atmen lässt, © Verlag Herder, Freiburg 17. Auflage 2002

S. 82: Dorothee Sölle, aus: Dorothee Sölle, Die revolutionäre Geduld, © Wolfgang Fietkau Verlag, Berlin 1974

S. 85: Carola Moosbach, aus: Carola Moosbach, Lobet die Eine. Schweige- und Schreigebete, Matthias-Grünewald-Verlag, Mainz 2000; Rechte bei der Autorin

S. 110: Christine Busta, aus: Christine Busta, Wenn du das Wappen der Liebe malst, © Otto Müller Verlag, Salzburg 1995, 3. Auflage

S. 111: Carola Moosbach, aus: Carola Moosbach, Gottflamme du Schöne, © Gütersloher Verlagshaus GmbH, Gütersloh

S. 124: Dorothee Sölle, aus: Dorothee Sölle, Fliegen lernen, © Wolfgang Fietkau Verlag, Berlin 1979

S. 141: Hilde Domin, »Sämann«. Aus: dies., Gesammelte Gedichte. © S. Fischer Verlag GmbH, Frankfurt am Main, 1987

S. 142: Rose Ausländer, »Cézanne«. Aus: dies., Hügel aus Äther unwiderruflich. Gedichte und Prosa 1966-1975. © S. Fischer Verlag GmbH, Frankfurt am Main, 1984

AUTORINNEN

CLAUDIA NIETSCH-OCHS, Merching. Dipl.-Theol., geboren 1957.
Pastoralreferentin, Bildungsreferentin beim Katholischen Deutschen
Frauenbund Augsburg. Verheiratet, zwei Kinder.

AURELIA SPENDEL OP, Augsburg. Dr. theol., geboren 1951. Pastoral-
theologin, Mitglied des Zentralkomitees der deutschen Katholiken ZdK,
der Theologischen Kommission des Katholischen Deutschen Frauen-
bunds KDFB und von AGENDA – Forum katholischer Theologinnen e. V.

Claudia Nietsch-Ochs schrieb die Kapitel über Feuer und Erde, Aurelia
Spendel über Luft und Wasser. Ihre Ideen flossen zusammen, bestürmten
sich, wurden gemeinsames Feuer und gemeinsame Flamme und kom-
postierten zu – hoffentlich – fruchtbarer Erde.

VivA! inspirierend – spirituell – weiblich

VivA! geht an den Ursprung des Glaubens zurück, deutet die Geschichten der Mütter des Glaubens, versteht die Schriften des Alten und Neuen Testamentes und die Tradition der Kirchen aus dem Blickwinkel von Frauen.

VivA! vermittelt neue Einsichten und ermutigt zu neuen Taten. Erfahrungen, Empfindungsfähigkeit und Intuition von Frauen, ihr Denken und Wollen werden als Ausgangspunkt der Publikationen verstanden.

VivA! bringt die betende, klagende, jubelnde Stimme von Frauen zu Gehör und wendet sich gegen das, was das Leben von Frauen in Kirche und Welt zu entfremden oder fehl zu deuten droht.

VivA! gibt dem Geist Raum.

VivA! ist von Frauen für Frauen konzipiert und gestaltet.

Das große **A** charakterisiert **VivA!**

A gibt als der erste Buchstabe des griechischen Alphabets, zusammen mit dem zweiten, dem Beta, dem Buchstaben-Ordnungssystem des Abendlandes – dem Alphabet – und allen vergleichbaren Systemen, seinen Namen.

In der jüdisch-christlichen Welt steht das A für den Anfang. Arché – der Anfang – beginnt mit A. A und Ω, der letzte Buchstabe, sind die Grenzposten des Glaubens, der Geschichte, der Schöpfung.

A und Ω stehen für Christus, der den Anfang und das Ende allen Daseins im Blick hat und selber sein Anfang und sein Ende ist, Vor-Bild und vollendetes Bild.

VivA! erscheint zweimal im Jahr.

Ein- und Ausblicke im Haus der Heiligen

Aurelia Spendel
Auf dem Weg des Lebens
Mit heiligen Frauen
durch das Jahr
Format 13,9 x 22 cm
128 Seiten
mit 42 Farbabbildungen
durchgehend farbig gestaltet
Hardcover mit Zeichenband
ISBN 3-7966-1075-7

Auf dem Weg des Lebens halten Frauen Ausschau nach Begleiterinnen, die ihnen Halt geben, Ermutigung und Freundschaft schenken. Bekannte und – noch – unbekannte heilige Frauen aus der christlichen Glaubens- und Kirchengeschichte begleiten auf dem Weg durch das Jahr. Jeder Monat bietet ein Kalendarium als immerwährender Kalender und greift ein eingängiges Stichwort zur Einführung auf. Jeden Monat werden drei bis vier Frauen oder weibliche Allegorien vorgestellt mit ihrer Biographie, durch Legenden oder Gebete.

Schwabenverlag

buchverlag@schwabenverlag.de
www.schwabenverlag.de

© 2002 Schwabenverlag AG, Ostfildern

www.schwabenverlag.de

Gestaltung: Finken & Bumiller, Stuttgart

Umschlagmotiv: Vincent van Gogh »Sternennacht« (Ausschnitt)

Saint-Rémy: Juni 1889, Öl auf Leinwand

73 x 92 cm (New York: Museum of Modern Art)

Herstellung: Clausen & Bosse, Leck

Printed in Germany

ISBN 3-7966-1076-5